따라 하면 돈이 되는

경제 첫 수업

따라 하면 돈이 되는 경제 첫 수업

이토록 쉽고 재미있는 실천 입문서

초 판 1쇄 2024년 07월 30일

지은이 이상열
펴낸이 류종렬

펴낸곳 미다스북스
본부장 임종익
편집장 이다경, 김가영
디자인 임인영, 윤가희
책임진행 안채원,, 이예나, 김요섭

등록 2001년 3월 21일 제2001-000040호
주소 서울시 마포구 양화로 133 서교타워 711호
전화 02) 322-7802~3
팩스 02) 6007-1845
블로그 http://blog.naver.com/midasbooks
전자주소 midasbooks@hanmail.net
페이스북 https://www.facebook.com/midasbooks425
인스타그램 https://www.instagram.com/midasbooks

© 이상열, 미다스북스 2024, *Printed in Korea*.

ISBN 979-11-6910-745-7 03320

값 19,500원

미다스북스는 다음세대에게 필요한 지혜와 교양을 생각합니다.

이토록 쉽고 재미있는 실천 입문서

따라 하면 돈이 되는
경제 첫 수업

이상열 지음

미다스북스

차 례

나에게 정말 중요한 것은

우리 대부분의 삶은 경제와 금융을 떠나서는 그 어느 것도 말할 수 없다. "삶은 결국 돈의 한 조각"이라고 어느 자산가는 표현하기도 했다.

공무원 생활 34년, 공인중개사 사무소 대표 10년, 행정사 사무소 대표 1년, 작명과 인생 상담 1년 그렇게 세월을 보냈으나, 결국 경제 공부 그것만이 삶에 있어서 가장 중요하다는 결론에 이르게 되었다.

공인중개사 업무 능력을 토대로 경제 공부에 매진해 봐야겠다는 결심이 생겼다. 그래서 비록 늦은 나이이지만 경제와 관련된 책들을 샀다. 틈만 나면 읽고 공부하고 연구했다. 읽고, 정리하고, 또 경제와 관련된 책을 사고, 몇 년 동안 그게 일상이 되었다.

경제 공부, 내가 처음 해 보는 경제 공부. 젊은이들에게 다른 건 몰라도 이것만은 꼭 들려줘야겠다는 얘깃거리와 소명이 생겼다. 내가 지난 세월 먼저 겪으며 깨달은 진실이며 삶의 지혜다.

어떻게 들려줄 수 있을까. 고심도 했다. 경제와 금융을 논할 그만한 지식이 많은 경제학자도 아니다. 그래서 투자 기법보다는 경제 공부의 준비 과정과 추진 방향에 대한 완벽한 설명에 더 비중을 두었다.

그리하여 경제, 금융의 개념을 이해하고, 경제 공부를 기꺼이 해 보겠다는 깨달음을 주고자 함에 있다. '나에게 정말 중요한 것은 무엇인가.' 그 본질을 한번 느껴보자는 거다. 기꺼이 해 보겠다는 깨달음! 이루고자 하는 결단력과 용기는 오로지 내 의지에 관한 문제다. 정말이지 하늘 아래 그저 되는 법은 없다. 모든 일에는 다 때가 있다. 그때를 놓치고 나면 어떻게 될까. 문제의 심각성은 여기에 있다.

우리는 살아가면서 지금 해야 할 일이 있고, 나중에 해도 되는 일이 있다. 그래서 지금 해야 할 경제 공부에 대하여 5개 항목으로 분류해서 살펴보기로 했다. 제1장은 경제 공부를 왜 해야 하는지, 경제 개념에 대해 논했다. 경제 공부, 늦은 나이에 그럴 일이 아니다. 그러한 잘못을 범하지 않기를 바라는 마음이다.

제2장에서는 돈 공부의 기본에 관해 기술했다. 기본이 튼튼해야 부자가 되는 길에 수월하게 들어설 수 있다. 그렇지 않다면 뜬구름 잡는 격이 되고 만다. 공부를 시작할 때 명심해야 할 사항을 담았다.

제3장은 어떻게 경제 공부를 할 것인가에 대해 살펴봤다. 경제 공부 제대로 한번 해 봐야 할 일이다. 살아가는 과정이나 학습에는 별다른 왕도가 달리 있는 것도 아니다. 단지 피나는 노력이 있을 뿐이다. 멈추지 않는 노력, 그것은 누구도 막을 수 없는 나 자신의 힘이며 자산이다.

제4장에서는 돈과 부자에 관한 책 중에서 공통분모를 뽑아 분석했다. 주장하는 학자마다 견해가 다를 수 있다. 그들이 말하는 부자가 되는 방법에 대하여 엿볼 수 있을 것이다. 제5장에서는 경제, 금융 공부의 성과에 대해 알아보았다. 또한 경제 공부를 하고 난 후 내 삶에 어떤 변화가 일어났는가를 살펴봤다. 많은 변화가 있었다. 누구든 젊은 나이에 경제 공부를 한다면 더 큰 성과를 거둘 수 있으리라 굳게 믿는다. 분명 아름다운 삶이 그대를 기다리고 있을 것이다. 아무쪼록 처음 하는 경제 공부에 크나큰 도움이 되기를 바라는 마음이다.

제1장

경제와 금융,
이것만은 알고 가자

<u>1</u>

경제 공부를 반드시 해야 하는 이유

지방산림청에 근무할 때 설악산 등산을 다녀온 적 있었다. 10월 연휴 날을 이용한 2박 3일 일정이었다. 남자 직원 3명과 여자 직원 3명 그렇게 6명이 떠났다. 원주에서 출발하여 내설악 백담사에서 1박을 하고 오세암을 지나 천불동 코스를 탔다.

희운각 대피소에서 이틀째 여정을 풀고, 다음 날 대청봉을 거쳐 내려오는 길이었다. 계절은 가을이라 설악산 골짜기마다 가을 햇살이 가득했다.

이렇게 등산하기 좋은 날, 여직원 중 한 명이 다리를 절뚝거렸다. 발뒤꿈치에 물집이 생기고 살갗이 벗겨져서 많이 아린 모양이다. 여기서 눈여겨볼 대목은 이렇다. 길들이지 않은 등산화를 계속 신고 다니면 물집이 생길 수도 있음을 몰랐던 것이다.

사흘간의 등산을 내 인생으로 비교해 보자. 첫날은 유년기이고 둘째 날은 중장년기이며 셋째 날은 노년기에 해당한다. 그 노년기를 괴로움으로 하산할 수밖에 없다니. 유년기에 제대로 챙기지 못하면 그 어느 곳에서 탈이 날지 알 수가 없다.

뭐가 뭔지 모른 채 삶의 길을 나서고 있다. 오늘도 그렇게 정신 놓고 있는 것은 아닌지. 중장년기 때는 속으로 곪아가고 있을 텐데 안타까운 일이다. 준비가 소홀하면 반드시 탈이 나게 돼 있다. 알지 못하고 길을 나선 섣부른 행동의 대가는 이렇게 크다.

누구를 믿을 것인가

2박 3일 산행길이라면 챙겨야 할 일이 있기 마련이다. 기본적으로 챙겨야 할 게 있고 여벌로 챙겨도 되는 것들도 있다. 그러자면 점검표가 있어야 할 것이고 그에 따라 완벽하게 준비된 후 길을 나서야 할 문제다.

그런데 가장 기본인 신발을 길들지 않은 채 신고 나섰으니, 이미 물집 정도는 예견된 일이나 다름없다. 그 누구도 짐작하지 못했을 뿐이다. 유년기, 중장년기에는 같이 휩쓸리느라 그냥 지나치고 만다. 불편함을 느낄 때쯤이면 이미 너무 늦었다.

그렇다면 내 인생길에서 기본적으로 챙겨야 할 문제는 무엇이겠는가. 더구나 인생길은 기나긴 여정이다. 점검표로 확인하고 챙길 것이 있다면 다시 챙겨야 한다. 바르게 잡지 못하고 그냥 길을 나서는 게 더 큰 문제다.

게으른 탓에 머뭇거리다 보면 안전한 노년기는 보장받을 수 없게 된다. 그래도 주먹구구식으로 세월을 보내면 될 일인지, 한번 생각해 봐야 할 일이다. 내 인생에서 나 이외는 모두 제삼자이거늘 누가 나를 위해 챙겨 주며 희생하겠는가.

오직 내가 챙겨야 할 나의 일이다. 인생길에서 기본적으로 챙겨야 할 경제와 금융에 대하여 흐름을 이해하고 지대한 관심을 가져야 할 때다.

노년기까지 탈 없이 가려면

산행길이든 인생길이든 먼 길을 나설 땐 그에 맞게 준비해야 한다. 준비를 소홀히 하면 문제가 생길 수 있다. 미리 점검해야 하는 것은 너무나 당연한 일임을 깨우쳐야 한다. 우리가 살아가면서 중요한 것은 깨우치는 일이다.

깨우칠 때 해 보겠다는 의지가 생기고, 의지가 생기면 그때 비로소 관련된 일을 할 수 있게 된다. 그래서 경제, 금융 공부는 해도 되고 안 해도 되는 그런 차원의 문제가 아니다. 노년기까지 탈 없이 지내야 할 생존에 관한 문제다.

남들은 즐거운 산행으로 이어지는데, 나만 불편한 몸을 이끌고 있다면 누구를 탓할 것인가. 그래도 중장년기를 아무 의미 없이 보낼 것인가. 과연 나는 오늘 무엇을 했나, 늘 자문해 보자. 나에게 시급한 일은 무엇인지, 시급하지 않은 일에 기웃거리고 있는 것은 아닌지, 한 번 더 챙겨 봐야 할 시점이다.

발뒤꿈치는 사전에 조금만 챙겼더라도 피할 수 있는 일인데, 삶이라고 해서 뭐가 다르겠는가. 제대로 챙기지 못하고 인생길을 나선다면 발뒤꿈치 물집 정도는 아무것도 아니다. 평생을 허무한 삶을 이어가는, 인생 낙오자의 길로 들어서게 된다. 이렇듯 경제, 금융 공부를 등한히 하게 된다면 정말 너무 슬픈 얘기가 되고 만다.

2

경제 공부로 내 삶의 기준 세우기

세상은 빠르게 변해가고 있다. 경제나 금융 환경도 마찬가지다. 봉급생활 정년퇴임하든 그 무렵까지도 고금리 시대였는데 지금은 2~3% 수준의 저금리 시대가 되었다. 그래서인지 최근 부의 축적은 주로 부동산이나 주식 등의 자산 가치 상승으로 이루어지고 있다.

이러한 경제나 금융 변화는 나에게 어떤 의미가 있을까. 그러한 사실을 인식하자는 데 큰 의미가 있는 것이다. 어떻게 보면 변화는 내 삶에 커다란 희망과 용기를 주는 촉진제가 될 수도 있다. 오로지 그것을 어떻게 인식하고 활용하는가의 역량에 달린 문제다.

변화의 속도를 따라잡고 뒤처지지 않기 위해 끊임없이 학습하고 자신을 개척해 나아가야 한다. 그것이 가야 할 세월에 대비할 수 있는 일이다. 머뭇거리지 말고 서둘러야 할 이유이기도 하다.

그래서 젊은이들이 지금 해야 할 일은 경제 공부로 내 삶의 기준을 세우는 일이다. 그에 대하여 내가 먼저 겪으며 깨달은 사항으로 한번 살펴보기로 한다.

첫째, 생활이 나를 속이면 분노하라.

착하다는 소리 좋아하지 마라. 돈 좀 벌었다는 사람이 어느 모임에서 한 얘기다. 요즘 세상 그러다 내 밥그릇 놓치기 십상이라는 거다. 젊은이들이야 이해하기 어렵겠지만 나이 들면 수긍이 갈 수 있는 얘기다. 그리고 세상은 공평할 것이란 생각 그 또한 그렇다.

우리가 공평이니 평등을 외쳐봐야 허공에 울리는 메아리에 불과할 수도 있다. 내가 변화해서 능력을 갖추지 못하면 하소연이나 다를 바 없다. 경제, 금융 공부로 무장할 때 불공정에 방패막이 될 수 있다.

현재의 삶이 불공평하여 힘이 처지는가. 그렇다면 분노하라. 분노를 표출하는 사람만이 자기 보호와 생존에 이바지하게 된다. 그러기 위해서는 과감한 용기가 필요하다. 변화 없는 생활에서 박차고 나와 나 자신을 우뚝 세워 보라. 그럴 때 나 자신을 변화시킬 수 있다.

어리석은 내 삶에 분노하고 내 삶을 스스로 끌고 나아가야 한다. 내가 쌓아 올린 경제, 금융 공부만이 내 삶의 주인이 되게 한다. 명심하라. 피나는 노력 없이 무엇을 얻겠다는 것인가.

둘째, 돈이 전부가 아니라는 말 믿지 마라.

돈이 전부가 아니라는 말, 세상 물정 모르는 정신 나간 사람들 소리다. 아니면 겉과 속이 다른 위선자의 허풍이다. 물론 돈이 주체하지 못할 정도로 많은 극히 일부의 사람들이 그런 소리로 자신을 과시할 수도 있다. 거기에 현혹되면 처량한 신세가 되고 만다.

소시민이야 해결사는 돈밖에 없다. 70대가 되면 확실하게 결론 내릴 수 있는 어렵지 않은 과제다. '설마 그러려고?' 젊었을 땐 나도 그렇게 생각했었다. 청춘의 앞길에는 그르칠 것이 없었다. 그럴 때 앞을 내다볼 줄 아는 지혜가 필요하다.

함께 휩쓸려 다니다 보면 그것밖에 보이질 않는다. 그렇게 안주하게 된다. 그런데 서서히 돈의 중요성을 느낄 때쯤이면 어떻게 될까. 여건이 갖춰져 있지 않은 상태가 문제다. 경제 공부가 전혀 되어 있지 않은데, 어디가 앞이고, 뒤가 어딘지 분간이 안 된다. 그래서 어떤 계기가 필요하고 중대한 결심으로 이어지는 혜안이 필요한 것이다.

셋째, 고정 관념에서 벗어나라.

부자들은 세상이 원하는 기준에 맞추어 일해 온 사람들이다. 나 홀로 한가롭게 고정 관념에 사로잡혀 있을 때가 아니다. 내 기준을 바꿔야 한다. 세상은 내가 생각하는 것 이상으로 복잡하고 치열하다.

세상의 기준에 맞춰 일해야 부를 쌓을 수 있다. 세상이 원하는 기준이 뭔지 잘 모르겠다면 언론에서 거론되고 있는 일부 정치인이나 자산가 또는 고위직 인사들의 경제 관념에서도 배울 수 있는 문제다. 그게 현시대를 살아가는 지혜다. 그들의 행태에 잘잘못을 얘기하기에 앞서 나 자신을 되짚어 보고 챙겨야 할 일이다.

능력이 없거나 부족하다면 달리 방법이 없다. 고정 관념에서 벗어나 세상이 원하는 기준에 나를 맞춰라. 스마트 폰이나 컴퓨터로 뭉그적대며 하루를 보낸 것은 아닌지, 오늘 나는 무엇을 했나 한번 생각해 봐야 한다.

경제, 금융 공부를 게을리하는 것은 그동안 내 삶에 어떤 뼈저린 자극이 없었기 때문이다. 그게 문제다. 고정 관념을 깬다는 것은 결국 생각의 차이다. 경제 공부를 해 보겠다는 의욕이나 어려운 과

제도 생각을 조금만 바꾸면 새로운 가치를 창출해 낼 수 있다.

넷째, 믿을 건 나밖에 없다는 각오를 다져라.

한번 곰곰이 생각해 보자. 세상에 나 말고 누굴 믿겠는가. '설마 그러려고?' 젊은 패기에 그렇게 생각할 수도 있다. 하지만 그게 아니다. 내 위치가 확고할 때 비로소 사회적인 관계가 설정되는 게 오늘날의 현실이다.

세상 돌아가는 이치를 제대로 인식하고 어떻게 대처해야 할 것인가를 생각해 봐야 한다. 그저 좋은 게 좋다는 식으로 보내다가는 항상 처량한 신세가 되고 만다. 내 주머니 사정에 따라 활동 범위가 그려진다는 사실을 알아야 한다.

내가 쪼들리면 고귀한 철학도 푸념에 불과하다. 그렇다면 그에 발맞춰 나의 생활 태도나 각오 또한 달라져야 한다. 대처할 수 있는 능력을 키우는 것은 오직 내가 해야 할 나의 일이다. 이 세상 어느 누구도 믿을 것이라곤 없다. 때가 되면 자연스럽게 알게 되는 세상의 이치다.

다섯째, 오늘 해야 할 일은 오늘 마무리하라.

그날 해야 할 일을 그날 마무리하기 위해 나는 요즘 이렇게 하고 있다. 살아가면서 자연스럽게 생활화된 일상이다. 좀 더 일찍 젊었을 때 그렇게 알뜰하게 했어야 하는 건데 항상 뒤늦게 깨우치고 있는 게 탈이라면 탈이다.

아침에 일어나면 그날의 할 일들을 수첩에 적는다. 자다가도 생각나는 일이 있을 땐 수첩에 적어 놓는다. 내 생각 하나하나가 수첩에 기록되면 되는 것이다. 그 생각과 할 일들을 체크해 가며 하루를 보내게 된다. 하루를 보낸 후 잠자리 들기 전에 그날의 수첩을 점검한다.

점검과 동시에 생활 일기로 마무리하되 생활 일기에는 그날의 메모장 정리를 곁들인다. 그 후 6개월이나 1년 단위로 내 삶의 점검이나 인생 재설계 때 활용한다. 물론 다른 사람들도 다 그와 비슷한 형태로 하고 있는 사항이겠지만 분명 효과가 있는 일이다.

자신을 돌아보는 기회를 얻는 의미도 있다. 더 발전되면 시답잖은 일에 하루를 허비하는 일은 없게 된다. 그날 일은 그날 마무리하는 큰 성과를 거두게 된다. 어떤 형태로 하든 오늘 해야 할 일은 오늘 마무리하는 습관이 더없이 필요한 때다. 다름 아닌 풍요로운 내 삶을 위해서다.

3

세대별 수업에 임하는 자세와 혁신적 각오

만 60세가 되던 해 12월에 정년퇴임을 했다. 게으른 탓에 퇴직 후 어떻게 할 것인지 정해둔 게 없었다. 특별한 재주가 있는 것도 아니고, 그렇다고 돈을 많이 모아 놓은 것도 아니다. 달리 할 게 없는지라, 만만한 공인중개사 시험을 본 후 자격증을 취득했다.

현장 실력도 없는 공인중개사 업무를 10년이나 봤으니 소득은커녕 그 좋은 세월 그냥 훌쩍 보내고 만 꼴이 되었다. 그래서 들려주고 싶은 얘기다. 뭐든 임박해서 허둥댈 것이 아니라, 제때 적절하게 준비하는 지혜가 필요하다는 것이다.

20대에 준비하고 해야 할 일이 있고, 또 50대에 해야 할 일이 있다. 설령 다른 길로 잘못 나가더라도 짚어줄 사람은 절대 없다. 그렇게 인생이 흘러가고 만다. 제 나이에 제 나잇값을 못 한다면 전적으로 본인이 책임져야 할 문제다.

'세대별 수업에 임하는 자세와 혁신적 각오'에 대한 얘기는 내가 지난 세월 먼저 겪으며 깨달은 진실이며 삶의 지혜다. 분명한 사실은 그 나이 근처까지 가 보지 않고는 그 나이에 무엇을 해야 하는지를 모르고 넘어가게 된다는 것이다.

50대는 40대, 40대는 30대의 연속이라는 막연한 흐름으로 이어질 승산이 있을 수 있는 문제다. 그래서는 발전이 없다. 내가 먼저 겪으며 깨달았던 사실에 비추어서 세대별로 한번 짚어 보기로 한다.

늦어도 20대에는 시작해야 한다

20대 중반에 경상도 어느 부대에서 육군 병장으로 만기 전역을 했다. 군부대에서 월급을 비롯한 세입과 세출 업무를 담당했었다. 그때는 월급을 현금으로 봉투에 넣어 주던 시절이었다.

월급 이외에 받는 수당의 경우에는 별도로 챙겨 주지 않으면 그냥 지나치는 경우가 더러 있었다. 주로 20대 하사나 소위가 그랬다. 돈과 관련하여 한 푼 두 푼 따지려고 하는 경우는 거의 없었다. 나 역시 20대 때는 그랬다.

요즘 20대는 어떨까. 시대는 많이 흘렀지만, 돈에 대한 인식의 변화는 크게 변하지 않았을 것이다. 오히려 결혼 연령도 늦어졌고 사회생활의 시작도 20대 중후반으로 늦어지는 경향이 있다. 따라서 20대 때는 종잣돈을 모아 보겠다는 개념보다 직업 선택이 더 시급한 일이 될 수도 있다.

20대에 만약 학자금 대출 등으로 빚이 있다면 빚 청산에 주력하는 것이 우선이다. 그런 다음 20대 후반에 종잣돈에 대한 목표 설정을 하는 것이 바람직하다. 이를 위해 본인이 달성하고자 하는 재무 목표를 설정하고 우선순위를 결정해야 한다.

이때부터 경제 공부의 필요성이 제기되는 시기다. 재무 목표라든가 계획표 작성은 제3장의 '학습 계획표 작성 요령과 고려할 사항'에서 언급한 내용을 참고하면 도움이 된다. 달성할 수 있고 현실적이고 구체적으로 추진하면 좋다.

예를 들어 20대 후반이나 30대 초반에 결혼 자금 계획을 수립한다면, 언제까지 얼마를 모으고 내 집 마련은 어떻게 하고 등 재무 목표를 설정해야 한다. 목표 설정이 끝나면 이행 방안에 대해서는 제2장과 제3장에서 언급하는 내용을 참고하면 된다.

체면보다는 실리주의 우선이 30대다

30대에는 금융 자산의 증식 속도를 높여야 할 때다. 그러나 그 나이 때는 뭐가 뭔지 이해를 못 하는 게 문제다. 나 또한 30대의 삶이 그러했다. 공무원 박봉에도 고스톱 놀이판이니 로맨스라느니 허송세월하였으니 그야말로 뭐가 뭔지 모르는 무지의 소치랄 수 있다.

현시대를 살아가는 30대라면 그런 정신으로는 곤란하다. 앞을 내다볼 줄 아는 혜안이 필요하다. 철저하게 돈을 움켜쥐어야 할 때다. 낭떠러지에서 나뭇가지를 잡듯이 한번 손에 들어온 돈은 절대 내보내지 않아야 한다. 돈이 쌓이는 법칙은 단 하나다.

지출을 줄일 계획을 세우게 되면 자연히 헛된 일에 돈을 쓰지 않게 된다. 짠돌이라는 비난을 감수할 각오가 필요하다. 재무 목표를 달성하게 되면 자연적으로 비난이 존경으로 변할 수도 있는 것이 오늘의 현실이다.

그러기 위해 제대로 된 경제 공부로 대처할 때이기도 하다. 30대 중반으로 들어서면 결혼이니 출산이니 소비 규모가 커지는 시기다. 시대 상황으로 볼 때 결혼은 어느 정도 결혼 자금을 마련한 후에 하는 게 좋다.

여윳돈도 없이 자녀를 두게 되면 허덕이게 된다. 허덕이는 상황이 오랫동안 가게 된다. 이 시기에는 경제 공부에 더 많은 시간을 가져야 할 때다. 모든 게 경제와 금융 체제에서 관계 설정이 이루어지게 된다.

어물어물하다 보면 젊음도 돈도 다 놓치게 된다. 되도록 출산 전 최대한 저축하여야 부드러운 삶이 될 수 있다. 부부 중 한 사람의 수입으로 최대한 살림을 꾸려 나가고, 다른 한 사람의 수입은 저축하는 방향으로 노력해 봐야 한다.

주택 담보 대출 등이 있다면 40대 이전에 어느 정도 중도 상환하여 이자에 대한 부담을 최대한 줄이는 계획을 세워야 할 때. 중도 상환이 어렵다면 집의 규모를 줄이는 등 합리적인 방안을 세우는 게 좋다. 체면을 중시하기보다는 실리를 챙길 시기다.

40대 때 기반을 쌓아야 하는 이유

40대가 가기 전에 경제 기반을 쌓아 놓지 못했다면 전적으로 본인의 책임이라는 경제학자의 견해를 염두에 두어야 한다. 그럼에도 불구하고 나는 공무원 월급에 안주하며 세월을 허비했다. 모범 공무원이라고 해서 국무총리 표창과 함께 매달 모범수당으로 몇만 원씩 3년간인가 얼마 동안 받았다.

지나 놓고 보면 직장 생활밖에 모르는 것도 부질없는 생각들이다. 직장 생활을 하면서도 경제 공부와 재테크를 하는 등 추가 소득이 있는 삶이 진정한 삶이랄 수 있다. 직장 생활 중에도 컴퓨터나 휴대폰 등을 이용해서 주식이나 부동산 또는 코인을 한다든지 얼마든지 가능한 세월이다.

언론 보도에서도 접하는 사실을 보면 그러한 사람들이 올바른 인생관이라는 느낌을 받게 된다. 겉으로는 비난하는 척하면서도 그렇게 해서 부를 축적해 왔는지도 모를 일이다. 40대 젊은이들이 꼭 느껴야 할 사항들이 아닐까 싶다.

또한 이 시기에는 지나온 삶이 어떠했나를 세밀히 살펴서 좋은 점은 발전시키고 잘못된 점은 고치는 재설계 작업을 해야 한다. 경제 공부 역시 마찬가지다. 제대로 해 왔는지, 아니면 새로운 각오를 다져야 할 것인지를 판가름해야 한다.

우리의 기대 수명은 90대나 그 이상이 될 수도 있다. 그러나 실질적인 건강수명은 80대라 볼 수 있다. 50대를 지나 60대를 넘어서면 인생 하향 곡선이 기다리고 있게 된다. 그래서 40대에 필요한 것이 중간 점검이다.

젊음을 진정한 황금기로 만들어라

40대에 인생 항로의 잘못을 발견했다면 전혀 늦은 나이가 아니다. 삶에서 중요한 것은 무엇이 문제인지 느끼고 바로잡을 기회를 얻는 것이다. 알찬 마음으로 나답게 살아가면 그뿐이다.

주변의 어떤 비난이나 유혹에도 상관하지 말고 본인 스스로 자부심을 느꼈으면 하는 바람이다. 큰 목표를 앞두고 작은 비난에 흔들려서는 안 된다. 남의 시선은 철저하게 무시해라.

지금 내가 해야 할 일은 평생 간절히 바랐던 꿈, 정말 내가 원하는 인생을 꽉 붙잡는 일이다. 그리하여 40대의 젊음을 진정한 황금기로 만드는 것이다. 분명 그렇게 될 수 있다. 지금까지 해온 경제 공부의 내공으로 내 인생을 누구보다 멋지게 만들어 갈 수 있다.

경제 공부가 부실했다면, 이 시점에서 다시 재정비하여 마음을 다잡으면 되는 일이다. 경제 공부 어물어물하겠다는 생각은 곤란하다. 40대에는 경제 공부와 더불어 돈을 제대로 챙겨야 할 시기다. 돈이 없으면 자기 결정권을 주장할 수도 없을 뿐만 아니라 간절히 바랐든 꿈이 흔들리게 된다.

중간 점검은 40대에 해야 할 필수 항목

내 인생에 관한 중간 점검과 재설계에 대해서는 한 번 더 살펴볼 필요가 있다. 그만큼 40대에 요구되는 필수 사항이기 때문이다. 함께 노닐며 가다 보면 내가 물웅덩이에 맴돌고 있으면서도, 제대로 흘러가고 있다는 착각에 빠질 수도 있는 일이다.

또한 오른쪽으로 가야 함에도 왼쪽으로 가고 있는지도 모르게 된다. 이럴 때 한 발만 물러서서 차분히 바라보면 보인다. 그렇게 한 발 물러서서 보는 과정이 중간 점검이 되는 것이다. 그러니까 중간 점검이라고 해서 거창하게 생각할 일이 아니다.

그렇게 잘못된 곳을 다시 고쳐야겠다는 다짐이 곧 재설계의 개념이 된다. 일정한 틀이 있는 것도 아니다. 현실에 맞고 실현 가능성이 있는 내 방식대로 작성하면 된다.

이러한 과정은 꼭 거쳐야 한다. 그러한 과정 없이 50대, 60대를 지나게 되면 어떻게 할 방법이 없다. 그때는 이미 시간적 여유도 없고, 후회스러움만이 남게 된다.

중간 점검할 때 아마 느끼는 바도 많을 것이다. 20대, 30대 때의 생활 일기가 있었다면 중간 점검이 한결 수월했을 수도 있겠고, 그

때 이렇게 했더라면 돈을 더 모았을 텐데, 하는 분석도 있을 수 있다. 그중에 생활 일기는 정말 필요한 일이다.

다소 수고스럽더라도 기록해 두면 매우 유익한 일이 될 수 있다. 본인의 단점이라든지, 무엇을 고치고 어떻게 나갈지를 알고 가게 된다. 그냥 무심히 간다는 것과는 엄청난 차이가 있다. 지난날의 나를 알 수 있는 확실하고도 정확한 방법이다.

또한 돈을 제대로 모으지 못한 이유가 밝혀졌다면, 두 번 다시 되풀이되지 않도록 하는 것도 생활의 철칙이다.

50대 때 수업에 임하는 자세와 각오

50대 중반에 임업 사무관 진급 발령을 받았다. 28세 늦은 나이에 공무원 생활을 시작한 터라, 모든 게 한 템포씩 늦은 편이다. 뭐를 하든 일찍 서두르라고 얘기하는 것 역시 경험에서 나오는 살아가는 지혜라 할 수 있다. 잠깐 사이에 훌쩍 지나간다.

구십몇 개 들어 있는 곶감 통에 해마다 연초에 곶감 한 개씩 빼먹는 형태다. 벌써 78개나 빼먹었다. 그 많든 달콤한 곶감을 자꾸 더 채울 수 있으면 좋으련만, 무한정이 아니라 한정품이라는 사실이 안타깝다.

그렇듯이 젊음과 시간이 항상 있을 것 같다는 막연한 생각, 그거 정말 좋지 않은 생각이다. 성공과 발전에 크나큰 저해 요인이다. 그래서 한 살이라도 젊었을 때 경제 공부를 해야 한다는 사실을 거듭 강조하게 된다.

50대에는 절약은 물론이고 제2의 직업 준비와 3층 연금도 다져야 할 시기다. 가정 경제와 노후를 생각해서 절약하는 정신은 절대적이다.

뭘 믿고 그랬든지 나는 그 나이에 경제 공부라든가 재테크에는 별로 관심이 없었다. 그렇게 한가롭게 보낼 50대가 절대 아니다. 틈만 나면 소득 있는 일에 신경 써야 할 시기가 50대다. 호봉 수도 올라가고 자연히 봉급 액수도 오른 만큼 씀씀이도 헤플 수 있다.

이 시기에 일정 금액 이상을 모아 놓지 못하면 남들보다 뒤처지는 게 문제가 아니라 인생의 굵직한 사안에서 큰 어려움을 겪게 된다.

퇴직 후 직업 준비의 필요성

퇴직 후의 일거리를 미리 준비해서 퇴직과 동시에 연결이 되어야 한다. 50대 중반에 들어서면 어느 사이엔가 정년퇴임의 차례다. 퇴직 후에 여행을 다닌다거나 즐기는 것도 한두 번이지 시간이 지날수록 재미도 반감되고 오히려 허탈감에 젖게 된다.

그제야 일거리를 생각해 보지만 반기는 곳도 없다. 이러한 일들의 원인은 그동안 경제 공부에 대한 학습 부족일 수도 있다. 50대의 경제 공부는 이미 활용 단계임에도 불구하고 공부가 제대로 되어 있지 않다면 불을 보듯 뻔한 일이다.

아무리 늦어도 50대 초반에는 퇴직 후의 직업에 대한 계획을 세우고 준비를 완벽하게 해야 한다. 공직에서나 회사에서 업무에 다소 소홀해질 수도 있겠지만 크게 신경 쓰지 않아도 된다. 그보다는 50대 이후의 내 삶이 더 큰 문제다.

연가나 외출을 활용해도 될 것이고, 오로지 제2의 직업 준비에 몰두할 시기가 50대 초반이다.

노후 준비 잊지 마라

제2의 직업과 더불어 다져야 할 것이 3층 연금이다. 내가 50대 때 생각하기를 70대를 나이 많은 노인네라고 생각했었다. 70대에 들어와 보니 그게 아니다. 몸과 마음이 50대나 다를 바 없다. 지금 50대라면 30년 이상의 인생을 즐길 나이다.

노후를 위한 완벽한 준비가 요구되는 이유다. 3층 연금은 늦어도 40대에 할 일지만, 빠뜨린 부분이 있다면 50대 초반이라도 완벽하게 갖추어야 한다. 국민연금은 부부가 같이 가입하는 게 좋다. 전

업주부라 할지라도 임의 가입이 가능하다.

　국민연금에 가입했다가 중도에 넣지 않는 사람도 재가입하는 제도가 있다. 퇴직연금을 최대한 활용해야 한다. 직장인이라면 근로자 퇴직 급여를 법으로 보장하는 제도가 마련되어 있다. 회사에서 알아서 처리해 주려니 그런 생각보다는 직접 챙겨야 할 사항이다.

　퇴직연금의 운용 형태도 여러 가지가 있고, 퇴직금과 퇴직연금을 혼동할 수도 있다. 개인연금 역시 챙겨야 할 일이다. 국민연금과 퇴직연금의 부족한 부분은 개인연금으로 준비해야 한다.

　삶에 있어서 가장 중요한 돈과 관련해서는 40대에 연이어 금융 자산을 최대치로 끌어 올려야 할 50대다. 이 시기에는 돈에 대해서만큼은 독해질 필요가 있다. 또한 삶에 있어서는 뻔뻔해질 필요가 있는 50대다.

혁신적 각오 다지기

　나도 성공한 대열에 설 수 있다. 혁신적 각오를 다지는 순간, 기회는 나 자신에게 다가오게 된다. 오직 내 결단으로 실천에 옮기는 일만 남아 있을 뿐이다. 아무리 좋은 것이 있어도 내 것으로 만들지 못하면 의미가 없다.

이제 차분히 생각해 보자. 우리는 크든 작든 저마다 가슴에 꿈을 품고 살아간다. 그런데 살아가며 생활에 허덕이다 보면 실제 이룬 꿈은 미약하기 이를 데 없다. 더구나 젊었을 때는 자신 앞에 무한한 가능성과 시간이 펼쳐져 있을 것만 같게 느껴진다.

또한 막연하게 시간을 보내며 부질없는 생각에 젖어 들곤 할 것이다. 그러나 나이 들어 그게 아니라는 사실을 느끼게 되면 이미 한참 늦은 뒤다. 잠깐 사이에 20대에서 30대로 들어서게 되고, 어느덧 50대가 된다. 모든 일에는 다 때가 있다.

이 시점에서 나에게 필요한 것은 새로운 것을 만들어 내는 것이 아니다. 이미 존재하는 것을 부단히 개발하고 내 것으로 승화시켜 내는 일이다. 그것도 건성으로 할 것이 아니라 혁신적 각오로 다져 보는 것이다. 그럴 때 꿈은 이루어지게 된다.

아무쪼록 '세대별 수업에 임하는 자세와 혁신적 각오'가 제 빛을 발하기를 바라는 마음이다. 세월이 흐른 후에 느끼게 된다면 이미 너무 늦은 얘기가 되고 만다.

4

돈의 속성에 대한 불편한 진실

돈, 그야 모르는 사람 있으려나. 다 좋아하는 돈이다. 그 돈에 대해 소시민이 보는 돈의 속성과 전문가가 보는 돈의 속성으로 구분하여 살펴보기로 한다.

70대 소시민이 느끼는 돈의 속성은 이렇다. 지방산림청에 근무할 때 원주에서 서울로 발령이 나서 거처할 집을 해결해야 했다. 형편상 전셋집으로 얻었다. 돈에 맞추다 보니 그렇고 가전제품 단출하다. 그 또한 돈에 맞추다 보니 그렇다.

산림청에서 진급하여 다시 지방산림청이 있는 원주로 왔다. 당시 주택은행 융자 낀 자그마한 신축 아파트를 샀다. 여전히 가전제품이니 살림살이가 단출하다. 그래도 전셋집에 살다가 내 집이라니 더없이 좋다.

이때까지도 돈에 대한 욕심도 없고 다 그렇게 사나보다 했다. 요즘 인식으로 보기에는 미련한 곰 같은 생각 아니겠는가.

그 후 살아오면서 돈 때문에 느끼는 갈등이 왜 없겠는가. 인천국제공항이 북새통을 이루고 여객선으로 즐기는 크루즈 여행은 해 볼 만하다지만 이리 재고 저리 재다 또 내년으로 미룬다. 결국은 돈에 맞추게 된다.

가족의 생일이라느니 친척의 경조사다 이럴 때 제대로 돈 한번 크게 쓰 보고 싶은데. 은근슬쩍 미안한 맘 감출 수 없다. 그저 위안해 본다. 내 형편에 맞게 실속 차린다고. 이게 바로 돈의 속성에 대한 불편한 진실이다.

자기 능력대로 살아가기

여름 피서는 얼마를 들여서 가야 하나. 해외여행은 어디가 좋을까. 연말 불우이웃돕기는 얼마나 내면 될까. 이게 다 돈에 대한 갈등이다.

돈 때문에 차별을 느낀 적은 없는가. 없을 수 있나. 여러 해 전, 가족이 병원에 입원한 적 있었다. 5인실에서 북적대며 여러 날 치료를 받았다. 1인실도 있고 2인실도 있는데 간병인을 두고 안 두고는 또 어떻고.

그리고 은행에서 나는 언제나 번호표 뽑고 기다린다. 어떤 이는 VIP 고객이라 절차는 무슨 절차. 그것도 대접받아 가면서. 또한 어쩌다 공연장을 간다거나 비행기를 탄다거나 열차를 탈 때면 언제나 일반석이다. 일등석이나 귀빈석이 없는 것도 아닌데. 그렇다. 일상생활의 대부분이 다 그 모양 그 짝이다.

그렇다고 지금껏 대놓고 신세타령이나 불평을 한 적은 없다. 자기 능력대로 사는 게 인생 아니겠는가. 그러나 돈은 똑바로 알아야 한다. 돈이 요구되는 곳은 언제 어디서나 돈에 의해 움직이고 돈 따라 대우받게 된다. 그게 또한 돈의 불편한 진실이다.

돈이 사람을 차별하는 것은 결코 아니다. 돈은 어떤 사람인가를 가리지 않는다. 사람이 돈을 가진 자와 가지지 못한 자를 차별할 따름이다. 이게 다 돈의 속성이다. 돈으로 평가되는 엄연한 현실인데 어쩌겠나. 우리는 자본주의 체제에서 살고 있다.

자본주의에서 돈은 삶에 대한 가장 중요한 생존 도구다. 결코 돈 없이 살 수 있는 체제는 아니다. 인간으로서 갖추어야 할 근본적인 것들을 해결할 해결사는 돈밖에 없기 때문이다.

돈으로 이룰 수 있는 위력

공인중개사 사무소를 운영할 때 손님들과 부대끼면서 느낀 돈의 속성 또한 별반 다를 바 없다. 중년의 부부가 월세방을 보러 왔다. 가지고 있던 아파트 융자금을 갚지 못해 경매에 부쳐지고, 쫓겨나게 생겼다고. 그 돈 때문에 어쩔 수 있나. 월세 집이라도 구해야 할 형편이다.

또 어떤 할아버지는 단독주택을 팔겠다고 왔다. 집을 팔아 자식 녀석 식당이라도 하나 차려줘야겠단다. 그것도 가진 재산이라고는 단지 그것 하나뿐인데. 이렇듯 돈은 주거 문제를 해결해 주는 수단이며 돈은 가족을 보호해주고 유대관계를 돈독히 해준다.

돈 아니면 어렵다. 오직 돈으로서 이룰 수 있는 돈의 힘이다. 이 또한 어쩔 수 없는 불편한 진실임에야.

돈, 돈 그놈의 돈 이러지 말고 근처에서 어슬렁거리는 돈을 잘 챙겨서, 돈마다 귀히 여기고 곱게 다스리면 새끼를 치고 친구들도 불러들여 덩치를 키워준다. 그런데 어떤 사람들은 돈에 대한 욕망만 있을 뿐 돈을 다스리는 데는 등한히 하게 되는 경우도 보게 된다.

물론 내숭을 떠는 측면도 있을 것이다. 아무튼 돈도 자기를 존중하고 좋아하는 사람에게 더 호감을 느낀다는 사실을, 이게 돈의 속성이다.

전문가가 본 돈의 속성

이제 전문가가 본 돈의 속성을 한번 보자. 스노우폭스 김승호 회장이 낸 『돈의 속성』이라는 책이 있다. 책의 내용을 무단 전재나 복제하면 법규상 저작권에 저촉된다. 그래서 그 좋은 내용을 옮겨 적을 수는 없고 다만 독후감 형태로 몇 가지 살펴보고자 한다.

책에서 돈의 속성 5가지를 얘기했다. 그중에 돈은 인격체라는 부분에서 "돈은 자기를 좋아하고 귀하게 여기는 사람을 따르길 좋아한다."라고 했다. 그리고 돈의 중력성 부분에 대해서는 "돈은 가까이 있는 돈을 잡아당기는 능력이 있으며 주변 돈에 영향을 준다."라고 말했다.

또한 차문현 금융투자전문가와 신상훈 투자일임 회사 대표가 공저로 쓴 『김 과장! 이렇게 돈 벌어 오너가 되어라』에서 말하기를 "돈은 부자에게 잘 모여든다. 부자는 손실 인내 능력이 충분하다."라고 했다. 그중에서 가장 감명 깊은 내용은 어느 정도 부자가 될 때까지 계속 버티며 노력하는 것이 중요하다고 한 부분이다.

돈이 결부되지 않는 곳이 있을까

돈에 관한 한 외국의 전문가가 본 시각이라고 해서 크게 다를 바 없어 보인다. 영국의 전문 경영 고문인 리처드 템플러는 그의 저서 『부의 잠언』에서 돈의 속성을 말하기를 "돈은 사람을 차별하지 않는다. 당신을 가로막는 것이 있다면 당신 자신, 돈에 대한 당신의 편견일 뿐이다."라고 했다. 그는 모든 사람은 똑같은 권리와 기회를 얻고 원하는 만큼 돈을 쟁취할 수 있다고 강조했다.

또한 영국의 자수성가형 자산가 펠릭스 데니스는 그의 저서 『빈손으로 시작해도 돈이 따라올 거야』에서 평하기를 "돈은 당신이 어떤 환경에서 어떻게 자랐는지 전혀 관심이 없으며, 세상에 돈만큼 중립적인 녀석은 없다."라고 했다.

부자가 되면 뭐든 원하는 것을 할 수 있는 시간이 생기게 되고 그것이 바로 돈의 위력이라는 것이다. 그러니까 기회가 오면 와락 덤벼들어 낚아채라고, 그래서 몸과 마음을 바쳐서 매달리라고, 정말 온 힘을 다하라고 조언을 보탰다.

전문가가 보는 돈의 속성을 살펴봤다. 수박 겉핥기식으로 옮기게 되지는 않았나 하는 점이 아쉽다. 전문가가 얘기하는 돈의 속성은 너무 다양하여 해당 서적을 읽어보는 것도 도움이 될 수 있을 것이다.

어찌 되었든 돈이라는 것은 어디에든 결부되지 않는 곳이 없다는 것만은 분명하다. 돈은 부자에게 잘 모여든다는 것 또한 누구나 느낄 수 있는 돈의 가치며 속성이다.

돈이 돈을 부른다

돈 공부와 관련된 책 여러 권을 접하면서 느낀 돈의 속성을 덧붙여 보면, 돈이 돈을 부른다. 즉 돈은 돈이 많은 곳으로 몰려다니는 성질이 있다. 저명인사나 경제학자가 쓴 책들은 50쇄 이상 나가는 책도 있을 수 있다.

이 경우 저자가 책 한 권을 내고 받는 저작권료를 짐작해 보면 7천만 원 이상은 된다. 그러나 인지도가 낮은 저자가 쓴 책이 5쇄 이상 나가는 경우는 드문 편이다. 5쇄까지 간다고 하면 저작권료는 몇백 만 원 정도다.

그러니까 이미 성공한 사람들이 쓴 책에 더 믿음이 가고, 선호하게 된다는 얘기다. 물론 책 출간을 예로 들었을 뿐이다.

그뿐만이 아니라 다른 곳곳에서 흔히 볼 수 있는 현상이다. 저명

인사나 유명 연예인, 스포츠 스타 등 그들은 그 분야에서 성공했고 그 자체가 존경받을 만하니까. 그러나 그 자체를 얘기하자는 건 아니다. 돈을 얘기하고 그 속성을 보자는 거다.

자본주의 체제에 사는 우리가 아닌가. 마음 새롭게 다잡고 돈의 속성을 바르게 이해해야 할 일이다. 끝으로 돈의 속성이라면 돈은 가진 자만이 누릴 수 있는 그 이상도 이하도 아니라는 생각을 떨쳐 버릴 수 없다.

5

속지 마, 제대로 모르면 당한다

한때는 등산을 무척 즐겼다. 진달래 피는 봄철이면 더욱 그랬다. 진달래 한 잎 입에 물고 싶은 마음도 있다. 아마 어렸을 때 뒷동산에서 본 진달래의 아련함 때문인지도 모를 일이다. 그 봄에 지리산엘 갔다.

한참을 오르다 보니 어디서 꿩 한 마리가 제대로 날지도 못하고 푸드덕거리고 있다. 이것 봐라. 속을 줄 알고 그럴 테지.

아주 여러 해 전 치악산 등산길에서 일행 중 한 명이 비슷한 얘기를 해준 적 있었다. 푸드덕거리는 꿩을 보고 멋모르고 계속 좇아갔단다. 어느 정도 가다가 훌쩍 날아가 버리는 게 아닌가. 꿩한테 속았다는 것을 한참 후에야 알았다고 했다.

꿩이 자기 새끼들을 보호하기 위해 거짓 행동을 한 것이다. 어미

꿩한테 시선을 돌려 자기 새끼들이 있는 곳을 그냥 지나치게 만들었다. 혹시 그런 꿩을 보면 그런 줄 알라는 거다. 좀처럼 그런 꿩을 볼 기회는 오지 않았다.

그런데 봄철 등산을 좋아하다 보니 정말로 보게 되는 별일도 다 있었다. 그래서 꿩이 그러거나 말거나 아랑곳없이 주변을 살펴봤다. 새끼 꿩들이 병아리처럼 풀숲에 옹기종기 웅크리고 있다. 이런 새들도 생존 본능으로 속임수를 쓰는데.

어떤 일에서든 모르면 당할 수밖에 없는 노릇이다. 일상생활에서 모르면 당하는 일들은 부지기수다. 모르면 당하는 냉혹한 현실. 그러한 현실이 있다는 그것조차 모르는 무뎌진 인식. 일이 터지고 나서야 왜 진작에 몰랐을까. 이리 뛰고 저리 뛰고 이미 늦었다.

방심하면 당한다

몰라서 속게 되는 일 중에는 사소한 것에서부터 큰 것에 이르기까지 참으로 다양하다. 조금만 방심하면 별것 아닌 일에도 당하는 경우가 있다. 예를 보면 요즘은 급전이 필요한 사람들을 유혹하는 불법 금융 광고도 심심찮게 보게 된다. 모르면 당하는 수밖에 없는 일들이다.

그들은 돈이 급하다 보니 대출의 유혹에 쉽게 넘어가게 된다. 당일 대출이 가능하다느니 우선 상담받아 보라는 등 이런 경우 의심해 봐야 한다. 고금리 대출을 권유하는 대부 업체의 광고일 수도 있다.

또한 문자 메시지나 인터넷 광고를 통해 불법을 조장하는 때도 있다. 저금리 적용을 하는 금융회사인 것처럼 하는 불법 금융 광고가 그렇다. 비슷한 명칭이나 금융회사인 것처럼 유혹한 뒤 높은 금리를 취하는 수법이다.

금융회사에서는 절대로 문자나 전화로 개인에게 상품을 광고하지 않는다. 그런데도 모르면 당하는 거다. 딱한 일이다. 속지 않는 게 중요하다. 그러나 피해를 봤다면 국번 없이 1332로 신고하면 금융감독원의 도움을 받을 수 있다고 한다.

차분히 생각하면 속지 않을 수 있다

그뿐만 아니라 디지털 금융 범죄에 속아서 애를 태우는 경우도 가끔 보게 된다. 선물 택배 발송이라든가 긴급 재난 지원금이라는 등의 문자 메시지 등을 이용하기도 한다. 그로부터 개인 정보를 빼낸 후 금품을 취하는 수법이다.

서글프다고 해야 하나. 안타깝다고 해야 하나. 그렇게 크고 작은 경제 사건들이 곳곳에서 일어나고 있다. 보나 마나 십중팔구 알아야 할 사항을 모른 바로 그 사람들이 당하는 일이다. 지금도 계속 되풀이되는 일들이다.

 한 번 더 차분히 생각해 보면 속을 일이 없을 텐데. 정말 이해가 되지 않는 부분이 있다. 이렇게 쉽게 돈 버는 방법이 있으면 그들이 무엇 때문에 생면부지의 나에게 가르쳐 주겠는가. 그것도 시간을 들이고 품을 들여서 말이다.
 디지털 시대에 사는 우리 모두 그만큼 편리해졌다. 그러나 그것을 악용하는 금융 범죄에 노출되고 있다는 사실도 알아야 한다. 그래서 경제든 뭐든 모르면 언제나 당할 수 있다는 사실 그 또한 현실이다. 내가 정확히 알고 있을 때, 대처할 수 있는 능력을 키울 수 있다.

누구를 탓하겠는가

 사소한 것들은 주의를 기울이면 피할 수 있는 일이다. 그러나 비중이 큰 것들은 실체가 드러나지 않는 일도 있다. 예를 보면 정치인의 행태나 정부의 서민 정책이 그렇다. 눈에 드러나지 않을 뿐이지 우리네 경제에 막대한 영향을 끼치는 일들이다.

설령 잘못된 정책이라 하더라도 느끼는 체감 온도가 무뎌 그냥 지나치고 만다. 가랑비에 옷 젖듯 알게 모르게 서서히 잠식당하게 된다. 선거철이 되면 속지 않도록 잘 판단해야 한다. 기권하지 말고 잘 선택해서 투표할 필요가 있다.

그들은 항상 경제가 좋아질 것 같은 느낌을 준다. 겉으로는 민생을 걱정해주는 듯 요란하지만 얼마나 진정성이 있는지 살펴봐야 한다. 정부의 경제 정책 역시 서민들은 믿고 잘 되리라는 기대감으로 살고 있다. 그 희망이 서민들에게 돌아올 가능성은 얼마나 될지, 그렇건만 정책이란 모두에게 다 좋게 할 수는 없다는 논리도 나올 수 있다.

나에게 맞지 않을 수도 있는 문제다. 오직 내 역량을 키우는 길밖에 없다. 순전히 내 손에 달린 문제다. 내가 배우지 않고 익히지 않으면 누구를 탓하겠는가.

스스로 대처 능력 키우기

정책이 옳으냐 그르냐를 떠나, 이용할 것은 이용하고 버릴 것은 버릴 줄 아는 본인만의 역량이 절대적으로 필요한 시대다. 성공한 사람들 다 그렇게 해서 자기 몫을 챙기고 있는 현실이다. 그래도

타령만 하고 있을 것인가.

마트에서 이것저것 사면서 일이천 원 챙기는 것은 애바르다. 하지만 경제 제대로 몰라서 뭉칫돈 새는 셈법은 어둔하기만 하다. 그게 다 경제 학습 부족에서 오는 현상이다.

이제 조용히 생각해 보자. 문제의 본질이 무엇인지, 무엇이 중요하고 중요하지 않은지, 아직도 느껴지지 않는가. 거짓 행태가 난무하는 그래서 뭐가 문제인지도, 자신들의 삶이 왜 어려운지도 잘 모르는 상황 자체가 더욱 안타깝게 하는 일이다.

우리 주변의 연예인 사생활, 정치인 가십거리, 스마트 폰 흥밋거리, 이런 거 몰라도 삶에 아무런 지장 없다. 어쩌다 한두 번으로 그치면 그만이다. 이제 그러한 시선을 약간만 이쪽으로 돌려보면 어떨는지. 경제나 금융 공부 등 필수 항목이 있는 곳으로 말이다. 한결 부드러운 삶이 될 텐데. 아쉽다.

먼 앞날을 생각한다면

경제, 모르면 당하는 이러한 모든 일들이 어쩔 수 없는 오늘날의 현실이다. 먼 앞날을 생각한다면 경제 교육은 학교나 가정에서부터 이뤄져야 할 사항이다. 현실은 그에 미치지 못해 아쉬운 점도 있다.

 고령자뿐만 아니라 중장년층과 청년층도 금융 지식이 부족하게 되면 무리한 투자, 금융 사기 등 경제 관련 각종 문제에 휘말리게 된다. 경제가 돌아가는 기본 원리를 이해하는 것은 사회적 생존을 위해 꼭 필요하다.

 더 큰 문제는 경제와 관련된 학습에서 계층 간 격차가 자꾸 벌어지고 있는 현실이다. 소득 수준에 따라 경제 교육을 접할 기회 자체가 크게 달라질 정도다. 이에 사회 경제적 약자일수록 금융 사기에 노출될 위험도 커지고 있다는 염려가 나오게 된다.

 오직 내가 스스로 배우고 익혀야 한다. 자녀들은 학부모 측에서 경제 관련 교육을 알려주는 게 현실적으로 빠른 길이 될 수 있다. 그래야만 경제를 알게 되고 발 빠르게 대처할 힘을 기르게 된다.

 경제 모르면 당한다. 정말 당하고 만다. 제대로 알고 대처하기 위해서는 우선 해야 할 일이 있다. 다시 한번 정리해 보자.

첫째, 내 앞길은 내가 살펴라.

 나는 속지 않는다고 착각 속에 살고 있는지도 모른다. 우선 흥밋거리에 치중하느라 정작 알아야 할 경제 문제는 뒷전인 젊은이들이 더러 있다. 연예인 이야기나 스포츠 얘기에 더 관심을 가지고 TV나 휴대폰에 시선을 보내고 있다.

몰라도 되는 그렇고 그런 가십거리는 뭐가 어떻고 훤하다. 대차 대조표나 경제 얘기는 그만 골치부터 아파한다. 군것질로 일이만 원을 쓰는 건 대수롭지 않게 여기면서 경제 신문을 본다거나 경제 관련 책을 사기 위해 쓰는 건 아깝다는 얘기다.

TV 앞에서 정신 팔게 만드는 그 연예인이나 스포츠 스타, 정치인들 그렇게 되기 위해 남모르게 열띤 노력을 한 사람들이다. 그들은 성공한 사람들이다. 이미 성공한 그들을 위해 넋을 놓고 손뼉이나 치고 있을 시간인지 아닌지 생각해 볼 필요가 있다.

내 주관도 없이 남이 좋다면 따라서 하는 그런 삶은 버릴 때가 됐다. 스마트 폰에 너무 많은 시간 허비하지 않는 게 좋다. 이제 정신 차리고 경제와 관련된 공부를 한번 해 보면 어떨는지. 나도 성공한 대열에서 박수갈채를 받을 날을 생각해 보자. 그럴 때 교양이니 흥밋거리에 관심을 가져도 된다.

둘째, 일찍 깨우쳐라.

어떤 부자는 이렇게 얘기했다. "역시 삶이란 곳간 채운 놈이 승자다." 반론의 여지가 없다. 쉽게 표현하자면 돈 냄새를 일찍 느끼라는 뜻이다. 돈과 관련되지 않은 곳에서 노닐고 있으면 당연히 돈은 따라오지 않는다. 그래서 돈 문제로 상처받을 수 있게 된다.

나이 들어서야 느끼게 되는 사항 중 하나다. 그때 느끼면 너무 늦다. 생활에 허덕이다 보면 그 당시에는 모를 수 있겠으나 깨우쳐야 한다. 일찍 깨우치면 속지 않는 것은 물론이려니와 모든 면에서 훨씬 앞서가게 된다. 일상생활이 여유로워진다.

누가 먼저 깨우치고 출발선에 서서 준비하는가의 문제다. 그에 따라 성공 여부가 결정된다고 해도 과언이 아니다. 그래서 일찍 깨우치고 노력한 사람만이 부자 대열에서 웃음 짓게 된다. 지금 필요한 것은 깨우치는 일, 바로 그것이다.

셋째, 자녀에게 경제 공부가 생활화되도록 하라.

손흥민 선수의 아버지 손웅정 씨가 올해 초 언론 인터뷰를 했다. 부모는 텔레비전 보고 휴대폰 보면서 자식에게는 공부하라고 하면 되겠느냐고 했다. 부모가 솔선수범하라는 얘기다. 그렇다.

부모의 지대한 경제 교육 관심이 아이의 장래를 결정짓게 된다. 대체로 경제 교육이 제대로 이루어진 가정에서 자란 아이들이 돈을 움켜쥐는 능력이 강하다. 그러할 때 그 자녀가 경제적 자유를 마음껏 누릴 수 있는 가정을 꾸릴 수 있게 된다.

어릴 때부터 글자를 가르치듯이 그때부터 돈의 중요성을 가르치
도록 해야 한다. 자녀들이 커 가는 과정에는 숱한 정보에 노출되게
마련이다. 기본 개념을 익힌 자녀와 그렇지 않은 자녀의 태도는 달
라질 수 있다.

기본기가 잡혀 있는 자녀는 정보의 홍수 속에서도 취사선택할
능력이 있다. 내 것으로 활용도 할 수 있다. 그러나 그렇지 않은 자
녀는 관심조차 없다. 정보 자체에 휘둘리기도 하고 속기도 하는 것
이다. 게임이라든가 못된 버릇 이외는 잡을 수 있는 게 없을 수도
있다.

6

돈이 모이는 생활의 법칙

무엇이든 흘려보내지 않고 모아 둔다면, 어떻게 될까. 한군데로 쌓이게 되는 것은 자연의 이치다. 돈 역시 그렇다. 돈을 움켜쥐는 정신이 요구되는 사항이다. 돈이 모이는 생활의 법칙이라고 하면 뭐 거창할 것 같지만 그게 아니다. 싱거울 정도로 단순하다.

짠돌이 정신이 돈을 모으게 된다. 그러나 짠돌이라고 하면 지지리 궁상이니 쩨쩨하다느니 대체로 인식이 좋지 않은 편이다. 그렇다면 쩨쩨하지 않으면서 짠돌이 생활을 하면 되지 않겠는가. 즉 지출이 큰 품목은 최대한 자제하고 작은 지출은 조금씩 줄여 나가는 방식으로 말이다.

인간관계에서 필요한 품위 유지라든지 작은 지출에서는 어느 정도 감수하는 게 좋다. 그러나 자동차나 가전제품 등 큰 지출에는 두 번 세 번 심사숙고할 필요가 있다. 꼭 쓸 때는 쓰지만 줄일 때는 확실하게 줄이는 것이 가장 현명한 짠돌이 정신이다.

　미국의 갑부 워런 버핏, 그는 어렸을 때 용돈을 벌려고 껌과 콜라를 파는 아르바이트를 했다고 한다. 청년이 되어서는 쩨쩨하지 않은 짠돌이 생활을 했다. 결국 성공했다. 통 큰 기부를 할 때도 있지만 그의 사생활은 지금도 몸에 밴 짠돌이 생활이라고 한다.

　카드는 거의 쓰지 않고 주로 현금을 쓴다고 했다. 젊었을 때 살던 집에서 지금도 살고 있다는 거다. 아끼고 모으는 정신이 그의 철학이었고, 이는 현실에서 세계적인 갑부로 증명하게 되었다.

짠돌이 정신으로 성공한 사례

　또 다른 짠돌이를 보자면, 스위스에 잉그바르 캄프라드라는 세계적 기업가가 있다. 조립식 가구의 대명사 이케아 설립자다. 그의 짠돌이 생활은 너무나 유명해서 왕소금이라는 별칭을 얻기도 했다. 그는 기업가로 이름을 알리기보다는 구두쇠로 더 이름을 알렸다.

　그의 철학은 하찮은 푼돈이라도 아끼면 나중에 큰 재산이 된다는 것이다. 출장을 갈 때는 비행기보다는 항상 기차를 이용했고 경로 우대 할인 혜택을 꼭 챙겼다. 슈퍼마켓은 문 닫기 직전에 간다. 떨이 상품으로 한 푼이라도 아끼려는 마음이다.

자동차는 아직 옛날 낡은 차 그대로다. 편지 봉투라든지 종이는 재활용해서 다시 쓴다. 생활 자체가 절약이고 짠돌이 정신으로 똘똘 뭉쳐있는 철저한 구두쇠다. 그런 정신으로 삶을 이어갔고, 가구 회사를 운영했고, 승승장구했다.

이제 나도 짠돌이 정신으로 무장해 보면 어떠할는지. 항상 그렇게 해 보라는 얘기가 아니다. 어느 정도 돈이 모일 때까지 그렇게 하기를 바라는 마음이다. 그렇다면 우선 짠돌이 정신에 들어서고 봐야 한다.

70대에 들어서면 이 말이 얼마나 중요한 진실인지 알게 된다. 나이가 들면 짠돌이 정신을 가지고 싶어도 갖기 어렵다. 가진 게 있을 때 아껴 써야 할 일이다.

흥청망청 파산 신고 사례

그렇다면 돈을 마구 쓰게 되면 어떻게 되는지 한번 보기로 하자. 마이크 타이슨은 미국의 프로권투 선수다. 불우한 어린 시절을 보냈으나 프로권투로 전향한 뒤 핵주먹으로 이름을 날렸다. 19전 연속 KO승을 거두기도 했다.

헤비급 슈퍼스타로 번 돈이 무려 3,000억 원이 넘었다고 한다.

그러나 은퇴 후 이혼 위자료 지급과 재산을 그야말로 엄청나게 허비한 결과 결국 파산 신고를 했다는 거다. 타이틀 획득 후 16년 만에 파산했다고 하니 흥청망청이 얼마나 위험한 일인지 느낄 수 있는 대목이다.

그러니까 짠돌이 정신과 흥청망청 정신을 보다시피 돈은 내가 관리하기에 따라 엄청난 차이를 보일 수 있다. 이러한 일들은 우리네 일상생활 속에서 비일비재하게 일어나는 일들이다. 나를 위한 생존 전략 그것은 무엇이겠는가.

짠돌이 정신, 이것이야말로 돈이 모이는 생활의 법칙이랄 수 있다. 돈을 모으지 못하고 노년을 맞이하는 그게 진짜 지지리 궁상이다. 돈이 있다는 사실만으로도 세상살이는 훨씬 여유로워진다는 것을 한 번 더 생각해 볼 일이다.

7

경제 신문이 실전에 얼마나 도움이 되나

2009년 공인중개사 사무실 개업하던 날, 지인이 찾아와서 신문 구독을 요청하고 갔다. 그때부터 신문을 보기 시작한 게 벌써 15년째다. 경제 신문을 포함 두 가지 신문이다. 사무실 폐업 신고 후는 별생각 없이 사무실에서 보던 것을 집에서 계속 받아 보고 있다.

경제 신문은 그냥 건성으로 훑어보다시피 해 왔다. 경제에 관한 관심이 없으니 깊이 있게 보는 경우는 거의 없었다.

무슨 일이든 애정이 있어야 눈길이 가듯 그렇다. 경제 신문을 구독한다면 구독료 월 2만 원의 돈값을 하게 될까. 가족과 함께 외식 한번 해도 2만 원이 훌쩍 넘는 경우가 있는데, 그렇게 생각하면 이해가 될 것 같기도 하다. 그렇기도 하지만 두어 달 구독해 보면 신문 구독료에 대한 손익 계산이 나올 것이다.

경제 신문이 별로 다 싶으면 두어 달 본 후 끊으면 된다. 신문 끊기가 부담스러울 수가 있겠지만 사전에 약정하고 구독 신청을 하면 되는 일이다. 그동안 경제 신문을 보아왔던 내 생각으로는 신문 구독료 값은 한다고 볼 수 있다.

어떻게 읽을 것인가

나처럼 경제 활동하지 않는 노령층은 관심 밖의 일일 수도 있다. 예를 들면 주식 투자를 하지 않는 사람의 경우 주식에 관한 기사나 시세가 나온다면 그냥 지나치듯 그럴 것이다.

비단 경제 신문뿐만 아니라 무엇이든 자기에게 필요한 만큼 보이게 되는 건 어쩔 수 없는 일이다. 그런 경우라면 경제 신문보다는 일반 종합지 신문이 더 좋다. 경제 신문은 경제 관련 이슈를 다루는 신문이다.

평소 알고 싶었든 정부의 경제 정책이나 예산, 기업들의 경영이나 주식, 부동산이나 금융 관련 등을 상세하게 다루는 편이다.

그래서 경제 신문을 읽다 보면 내가 알지 못했든 사소한 경제 사건들에 관한 내용도 알게 된다. 평소 생각지 못한 경제 지식을 넓힌다든가 아이디어도 얻을 수 있다.

그러한 경제 기사를 볼 때는 먼저 헤드라인을 훑어보는 게 좋다. 통상적으로 신문 기사는 결론이 앞쪽에 나오는 형태이므로 제목과 첫 문장만으로도 포인트를 어느 정도 파악할 수 있다. 그중에서 1면은 그날 핵심 뉴스로 인정할 수 있는 부분이다.

어떨 땐 신문 하단에 나오는 광고도 생활 정보가 되기도 한다. 경제와 관련해서 어느 정도 도움이 되는 편이다. 이러한 사항들은 경제 용어에 대한 사전 지식이 요구되는 경향이 있다. 그래서 경제 공부와 함께 보면 더 유리하다.

경제 공부에 도움이 될 수 있는가

예를 보면 이런 경우가 있다. 그저께 경제 신문에 "블룸버그통신에 의하면 헤지펀드 큰손들이 매도 포지션을 취했다."라는 기사가 떴다. 그날따라 선뜻 이해가 안 되는 용어가 많이 나왔다. 경제 공부를 하기 전에는 그저 그런 게 있나 보다고 지나쳤다.

그런데 요즘은 보는 느낌이 약간 달라진 듯하다. 블룸버그는 금융 정보를 제공하는 미국의 미디어 그룹이다. 그곳에서 운영하는 통신사를 블룸버그통신이라 하는 것이다. 현재 블룸버그 뉴스망에는 세계 여러 나라 대부분의 언론사가 연계되어 있다.

그리고 헤지펀드라는 것은 소수의 투자자로부터 자금을 모집하여 운영하는 펀드를 뜻하는 것이다. 투기적인 성질이 강하다.

그렇다면 매도 포지션은 뭘까. 그것은 미래 기간에 특정한 가격으로 상품을 팔기로 한 계약을 말한다. 즉 주식이나 옵션 등을 매도한 상태로 상품 가격이 하락하여야 이익을 얻을 수 있다. 이렇듯 공부해 가면서 하나하나 알아 가면 이해가 될 수 있다.

자꾸 더 알고 싶어지는 욕구가 생기기도 한다. 그러면 아주 재미있게 읽을 수 있고 경제에 대한 이해도 빨라지게 된다. 정부 정책도 느낄 수 있을 테고, 어떤 부분은 스크랩하고 싶어지는 욕심이 생길 수도 있다.

아는 것이 늘어난다

요즘 며칠간은 계속 공매도에 관한 기사가 나오고 있다. 그런가 보다 하고 대충 봐 왔는데 연이어 그런 기사가 뜬다. 오늘은 한시적으로 공매도 전면 금지라는 기사가 큼지막하게 나왔다. 국내 개인 투자자 사이에 공매도 폐지 여론이 들끓자 금융 당국이 내놓은 처방이라고 했다.

그렇게 되면 자본 시장 선진화 면에선 뒷걸음질이라는 금융 투자 전문가들의 견해도 있고, 여러 가지 사안이 지면을 채우고 있다. 공매도라는 것이 말 그대로 없는 주식을 판다는 정도로 어렴풋이 알고 있는 정도였다. 많이 궁금한 면이 있다.

계속 기사가 나오는 대로 읽어보며 이것저것 살펴봤다. 공매도라는 것이 특정 종목의 주가가 하락할 것으로 예상되면 해당 주식을 보유하고 있지 않은 상태에서 주식을 빌려서, 매도 주문을 내는 투자 전략이라는 것을 알게 되었다.

그런데 나처럼 주식에 관심이 없는 사람은 공매도 주문을 낸다는 것이 선뜻 이해되질 않을 것이다. 예를 들면 이렇다. 어떤 회사의 특정 종목 주가가 5만 원이고 주가 하락이 예상되면 그 종목 주식을 내가 가지고 있지 않더라도, 일단 5만 원에 공매도 주문을 낸다.

그리고 실제로 주가가 4만 원으로 하락하면 그때 종목 주식을 다시 사게 되면 1만 원의 시세 차익이 생기게 된다.

주의할 점은 없는가

내용을 알아 가며 신문을 보면 매우 유익한 일이 될 수 있다. 다만 일부 기사 내용 중에는 옳고 그름을 스스로 판단해야 할 일도 있을 수 있다. 예로 보면 협찬 기사라든가 광고성 기사가 그렇다. 신문사도 개인 기업체에 속한다.

경영 철학에 따라서 운영해야 하기에 그럴 수도 있다고 보면 될 일이다. 어쩌다 보면 그게 광고인지 기사인지 헷갈릴 정도로 애매하게 나오는 때도 있다. 박스형 인터뷰 기사나 각종 칭찬성 시리즈 기사들은 일반 기업주가 관여한 기사가 아닌가 의심이 가는 일도 있다. 비단 경제 신문뿐만 아니라 대부분의 일반 종합지 신문에서도 볼 수 있는 현상이다. 신문 보는 햇수가 늘어나면 걸러낼 수 있는 여지가 생기게 된다. 경제 지식에 대해 내가 필요한 것만 취득하여야 할 사항이다.

경제 신문이라 해서 경제 공부를 그저 안겨 주는 것은 아니다. 다만 그것이 경제 소식을 접하기 쉽다는 것뿐이다. 내 것으로 활용하지 못하면 경제 신문도 그저 읽을거리밖에 되지 않는다.

관심이 있는 부분은 세밀히 보고 모르는 부분이 나올 때는 공부하는 겸해서 보면 된다. 그리고 사설이나 오피니언면은 사회를 보는 안목을 넓혀준다. 또한 유명 기업인들의 인터뷰 같은 기사는 삶의 활력소가 되기도 한다. 그렇게 함으로써 경제 지식을 얻게 되는 것이다.

경제 제일주의 시대에 적응하기

경제 신문과 더불어 경제 공부를 하게 되면 경제나 금융에 대한 이해력이 높아지게 된다. 스마트 폰으로 스쳐 지나가듯 보는 것은 지식과 판단력을 키울 수 없다. 단편적으로 그렇게 보는 것은 경제 공부에 도움이 되지 못한다.

흥밋거리에 시간을 보내기보다는 시시각각 변화하는 경제에 눈을 돌려야 할 나이다. 세계 최고의 갑부 워런 버핏은 아직도 한결같이 새벽에 경제 신문 읽기로 하루를 시작한다고 한다. 그가 말하기를 "더 많이 읽고 더 많이 배울수록 더 많이 벌게 된다. 그래서 자신에게 투자하는 것이 최고의 투자다."라고 했다.

현시대는 치열하고 냉정한 경제 제일주의 시대다. 우리는 경제의 테두리 안에서 생활하고 있다. 그러니 경제에 대한 지식은 더 말할 나위 없이 꼭 필요하다. 더구나 사회 초년생이나 중장년층 젊은이들이라면 경제는 필수 항목이라 할 수 있다.

직접 경험한 공부가 쉬워지는 습관

어떤 공부든 공부라고 하면 선뜻 마음이 내키지 않는다. 하지만 경제 공부가 쉬워지는 길은 있다. 경제 공부를 하려고 했을 때 느낀 게 있었다. 공부보다는 그저 맘껏 놀고 싶은 게 솔직한 마음일 것이다. 마음이야 그렇더라도 공부 방법이 없는 것은 아니다. 내 경험으로 볼 때 공부라는 것도 습관에 관한 문제로 접근해 볼 필요가 있다.

우리는 수많은 것을 매일 반복해서 한다. 대체로 무의식적으로 하게 되는 경우가 많다. 작은 습관이 하나씩 모여 지금의 나를 만들고 미래의 나를 만들게 된다.

그래서 그 습관을 경제 공부와 연계해서 정리해 보기로 하자. 우리는 생활 속에서 생소한 것은 일단 경계심이 생기고, 한번 한 행동은 계속하려는 습성이 있다. 잠재된 삶의 본능이다. 따라서 의식적이라 하더라도 좋은 습관으로 접근해야 한다. 결국 일상 속 작은 습관이 누군가는 부자로, 다른 누군가는 평범한 사람으로 만들게 된다.

그렇듯 경제 공부라는 것도 습관에 관한 문제다. 습관에 젖어 들면 적은 노력으로도 큰 성과를 거둘 수 있다. 그 습관을 내 경험에 비추어서 한번 들여다보기로 한다.

첫 번째 습관, 자나 깨나 공부하는 주제에 빠져 살아라.

자다가도 생각하면 입이 벙긋, 그런 느낌을 가져 본 적이 있지 않은가. 앉으나 서나 당신 생각 노랫말에도 있듯이, 바로 그거다. 어떤 주제에 빠져들면 그것밖에 생각이 나질 않게 되는 것이다.

미국의 토머스 에디슨도 그렇게 해서 유명한 위치에 서게 된 발명가다. 그는 어렸을 때부터 궁금한 것이 있으면 끈질기게 그곳에만 몰두하는 성격이라고 했다. 엉뚱한 것을 묻기도 하고, 어른들이나 학교 선생님이 귀찮게 여길 정도였다고 한다.

오직 그 주제에 빠져 살았다는 뜻이다. 한때는 열차에서 너무 실험에만 집중하느라 폭발하여 한쪽 귀 청력을 잃었다고 한다. 결론을 얻을 때까지는 그 주제에 빠져 사는 집념, 우리는 그게 필요하다.

어떤 환경에서든 하는 일이 무엇이든 그 주제와 함께하면 못 이루는 일이 없다. 나 자신이 정녕 무엇을 원하는가를. 그 본질을 잊지 않아야 한다. 그 어떤 습관도 자기 자신이 들이는 자기 자신의 문제다. 자나 깨나 목표 주제에 빠져 살다 보면 자연스럽게 습관 자체도 그렇게 변해간다.

두 번째 습관, 공부하다가 시들해지면 다시 시동을 걸어라.

공부하기 싫은 거 나만 그런 게 아니다. 놀고 싶은 유혹은 인간의 타고난 태생이다. 그에 개의치 말고 한번 해 보면 되는 일이다. 그저 공부하고 또 시동을 걸어 보면 무언가가 느껴지게 된다. 사람이 하는 일은 무엇이든 반복적으로 하면 거부감이 줄어든다.

거부감이 줄어들면 나도 모르게 습관으로 이어지게 된다. 뭐든 처음이 어렵지 한두 번 거듭하다 보면 가능한 일이다. 목표를 향해 끝까지 물고 늘어지는 근성이 필요하다. 끝장을 보겠다는 일념만이 성취를 보장해 준다. 정말 그렇다.

공부 잘하는 사람들이 다 그렇게 해 왔다는 사실이다. 그렇다면 나도 할 수 있는 일이 아니겠는가. 일단 반복적으로 한번 해보면 나도 모르는 사이에 습관으로 이어지게 된다. 이처럼 습관이란 본인이 익히기에 따라 내 생활 패턴이 될 수도 있고, 내 것으로 자리

잡도록 할 수도 있다.

세 번째 습관, 공부하는 시간을 내는 데 주력하라.

경제 공부에 대한 조바심보다는 시간을 내는 게 중요한 일이 될 수 있다. 내 경험상으로 볼 때 일단 시작해 보는 시동을 거는 게 필요하다. 처음 돈 공부할 때 책은 여러 권 구입하여 시작했었다. 그 중에 내 구미에 맞고 쉬운 책으로 먼저 시작했다.

마음이 끌리는 부분부터 공부하다 보면 어느덧 자신도 모르게 빠져들게 마련이다. 그러면 시간에 쫓기지 않고 자연스럽게 돈 공부에 동화될 수 있고, 생활 습관으로 이어지게 된다. 그렇듯이 무리하게 덤비면 압도당하게 된다. 쉬운 공부부터 시작해서 어려운 공부로 서서히 진입하면 된다.

처음부터 욕심을 내면 공부하는 습관으로 이어지기 힘들다. 습관이 이루어지는 동안 그렇게 하는 게 좋다. 그럴 때 자신도 모르게 흥미를 느끼게 된다. 그렇게 되면 자연스럽게 습관 자체도 그렇게 변해간다.

네 번째 습관, 공부하는 데 많은 관심을 가져라.

공부하는 자세는 저마다 다르다. 어떻게 해서든 공부를 할 수만 있다면 자신이 좋아하는 방식대로 습관을 들이면 된다. 앉은 자리서 계속하는 사람이 있는가 하면 소리 내서 하는 사람도 있고 다양하다.

나는 한때 누워서 책을 보며 느긋하게 보낸 적도 있었다. 그거 좋지 않은 습관이다. 그러면 게으르질 승산이 높아진다. 그 외는 어떤 방법이든 문제 될 것은 없다. 공부하고 싶은 마음이 생기고 그 분위기에 젖어 들면 된다. 공부하고 싶은 마음 그것은 바로 관심에서 나온다.

관심이 없으면 모든 게 식어버리고 만다. 연애하던 감정을 떠 올려보면 쉽게 이해될 수 있는 일이다. 누구든 자기를 좋아하는 사람을 좋아하게 되는 건 자연적 현상이다.

그래서 관심을 가지게 되고, 경제 공부 역시 그렇다. 관심을 가질 때 공부할 추진력도 생기게 된다. 그러면 습관으로 이어지고, 결국엔 목표를 이루어낸 나 자신을 발견하게 된다.

더 알아보기

누구나 하기 쉬운 작심 3년으로 가는 기술

경제 공부를 해 보겠다는 다짐을 끝까지 유지하는 게 매우 중요한 일이 될 수 있다. 그리하여 내가 직접 터득한 경험을 공유하는 의미에서 한번 살펴보기로 한다. 작심 3년으로 가는 기술은 기간 개념과 시간 개념으로 나누어 생각해 볼 수 있다.

기간 개념으로는 일정 기간이 연속으로 이어지면 탄력성이 붙는 성질을 이용한다. 과거 1970년대 지방산림청에서는 산림 보호 담당 직원에게 오토바이 한 대씩을 배정한 적 있었다. 사용 연한이 지나면 다시 새 오토바이로 교체되었고, 수리비라든가 운영 경비는 정부 예산으로 집행했다.

그것을 타고 다니면서 현지 산림 보호 활동을 한 것이다. 그때만 해도 승용차가 아주 귀했던 시절이라 현지 출장에는 그만한 게 없었다. 그런데 비포장 산길을 운행하다 보면 생각지도 않은 고장이 날 수도 있다. 산골에서 고장이 나면 어떻게 할 도리가 없다. 주변에 수리할 점포도 없고, 그렇다고 그냥 두고 내려올 수도 없는 형편이다.

오토바이 자체가 125cc 대형이라 만만찮다. 오토바이에 항상 가지고 다니는 공구 통이 있다. 그것으로 이곳저곳 뜯어보기도 하고, 그러는 사이에 또 시동이 걸리기도 했다. 웬만한 것은 손볼 정도가 되고, 시동을 거는 일에는 자신감이 생기게 된다. 여기서 생각해 볼 일이 있다. 시동을 거는 일과 작심 3년을 연계해서 얘기해 보기로 하자.

내 삶에 절박감을 더한다면

산골에서 오토바이 시동이 꺼졌을 때와 같은 절박감이 있나 없나에 따라 경제 공부 역시 상황이 달라질 수 있다. 다시 시동을 걸지 않고는 달리 방법이 없을 정도로 절박하다면 어땠을까. 즉 경제 공부 말고는 다른 생각을 해 볼 겨를이 없다.

그렇다면 이것저것 생각하고 망설일 때가 아니지 않겠는가. 바로 그 시간에 경제 공부를 위해 뭔가를 하게 된다. 기를 쓰고 시동을 걸려고 노력한다든지. 그러면 다시 경제 공부에 시동이 걸릴 수도 있고 방법이 보이게 된다.

작심하게 된 동기 부여가 무엇이었는지. 해도 그만 안 해도 그만 그렇게 미지근한 생각으로는 왜 작심했는지 의미가 없다. 산골에서 오토바이를 그냥 두고 올 수 없어 꼭 시동을 걸어야 하듯이, 바로 그런 절박감으로 임해야 한다.

그렇게 계속 이어지면 몇 개월이 1년이 되고, 1년이 2년이 되고, 작심 3년으로 이어지게 된다. 나처럼 의지가 약한 사람도 벌써 돈 공부가 몇 년째 이어지고 있다.

시동이 꺼질 만하면 마음을 다잡고 또 다잡고 했다. 하면 된다는 마음으로 궤도에 올리는 게 다소 버겁기도 한 일이다. 그러나 궤도에 올리고 나면 계속 유지하려는 탄력성이 붙게 된다. 요즘은 아주 자연스럽게 진행되고 있다.

그까짓 시동쯤이야 다시 한번 걸면 된다는 자신감과 꼭 해내고야 말겠다는 절박감이 결부된다면 가능한 일이다. 오늘도 무기력하게 하루를 보내서 될 일인지. 경제 공부를 왜 하려고 했는지, 그 절박감을 느낄 수 있는 공부 여건을 만들어 보자는 거다.

시간 자체도 내 하기 나름이다

이제 시간 개념을 한번 보자. 시간 개념은 시간은 절대적이 아니라 상대적이라는 개념의 성질을 이용한다. 1980년대 산림청이 서울 청량동에 있을 때 일이다. 그 당시 청량리에서 경주로 가는 중앙선 야간열차를 이용해 본 적 있었다.

이동 수단으로 열차를 많이 이용하던 시절이라 주말에는 예매해야 할 정도였다. 토요일 밤에 청량리역에서 출발하면 일요일 새벽에 경주역에 도착하게 되는 야간열차다.

그러면 유적지를 본다거나 다른 하루 일을 즐길 수 있다. 그리고 그날 다시 밤 열차로 경주역에서 출발하면 다음 날 월요일 새벽에 청량리역에 도착하게 된다. 2박 3일의 효율적인 나들이다. 그렇다면 여기서 생각해 볼 시간 개념의 문제가 있다. 그렇게 출발하는 2박 3일을 누구하고 가느냐에 따라 시간의 의미가 달라진다.

마음에 드는 연인과 함께하는 여행이라면 2박 3일이 즐겁고 하루같이 짧게 느껴진다. 월요일 곧바로 직장에 출근하더라도 피곤한 줄 모르게 된다. 그러나 마음에 내키지 않는 사람과 가는 길이라면 지루하게 느낄 수도 있을 것이다. 같은 시간대와 같은 조건에서 다르게 느껴지는 것은 시간은 절대적이 아니라 상대적이라는 의미다.

　말하자면 시간은 쓰임새에 따라 그 효용 가치가 달라질 수 있다는 뜻이다. 상대적이라는 것은 결국 시간 자체도 내가 하기 나름이라는 결론에 이르게 된다. 지금이라는 이 시간을 어떻게 활용할 것인가는 각자에 따라 달라질 수 있다.

　바로 그 사항이 중요한 일이다. 내 인생은 오직 지금이라는 이 시간을 어떻게 유용하게 사용할 수 있느냐에 달려 있다.

작심 3년은 가능한 일이다

　연인과 함께한 2박 3일은 그저 즐거울 따름이다. 그렇듯이 마음을 어디에 두느냐에 따라 작심 3일이 어느 사이엔가 작심 몇 개월로 이어질 수 있다. 몇 개월이 또 1년이 되는 것이다. 그렇게 시간의 상대적 개념을 잘 이용하는 것이 돈을 많이 번 사람들의 공통된 의식 세계다. 그건 그들만의 전유물이 아니다.

　그렇다면 터득해야 할 일은 확연히 드러나 있다. 지금껏 허비만 해 왔다면 지금부터라도 깊이 있게 시간을 내 것으로 활용하면 되는 일이다. 누구나 다 할 수 있는 문제다. 나에게 주어지는 시간을 어떻게 관리하느냐에 달려 있다.

내가 경제 공부를 여러 해 지속하게 된 원동력이 거기에 있었다. 하면 되는 일이다. 진실로 간곡히 원하는 일이 있다면 온 마음을 다하여 내면에 초점을 맞춰야 한다.

그리고 멈추지 않고 계속 나아가는 것이다. 우리의 삶은 끊임없는 도전의 연속이기 때문에 작심 3일이 아닌 작심 3년의 지속적인 다짐이 중요하다. 내가 포기하지 않는 한 내 목표는 이루어 낼 수 있는 마음의 문제다.

이제 이루고자 하는 일의 추진에 기간 개념과 시간 개념을 적절히 활용한다면, 돈 공부에 대한 꿈은 반드시 이루어지게 될 것이다.

제2장

돈 공부에도
기초가 필요하다

공부를 시작할 때 명심해야 할 사항

어떤 일이든 관심을 기울이면 그것은 부메랑이 되어 나에게로 되돌아온다. 그러면 애정이 생기고 돈 공부할 자신도 생기게 된다. 어쩌면 내가 하는 돈 공부가 잠자는 내 의지를 흔들어 눈부신 삶을 살아가게 하는 밑거름이 될지도 모른다.

돈 공부를 하는 일은 나의 존재 이유를 깨닫게 할 것이다. 앞으로 어떻게 살아가야 할지도 느끼게 해준다.

하는 둥 마는 둥 그런 생각으로는 경제 공부 결과를 보기 힘들다. 나의 소명과 삶의 주제에 가 닿아 있지 않기 때문에 계속하기 어렵다. 그래서 돈 공부를 하기 전 명심해야 할 사항이 있다.

첫째, 허둥대지 마라.

뭐든 임박해서 허둥대다 보면 실수를 하게 되는 경우를 보게 된다. 그처럼 어리석은 짓은 없다. 내가 겪은 경험에서 우러나오는 얘기다. 공무원 퇴임 후 준비된 게 없다 보니 어떤 자격증이라도 하나 취득할까 하게 되었다.

그 흔하디흔한 공인중개사 자격증을, 그것도 큰 자격증이라고 애써 취득하게 되었고, 달리 할 것도 없는 처지라 개업하기에 이른 것이다. 그게 다 임박해서 허둥대다 일어난 일이랄 수 있다.

만약 그때 다른 자격증을 취득했더라면 또 그쪽에서 얼씬거렸을 것이다. 어쩌다 들어간 놀이판에서 눌러앉게 되는 게 준비성 없는 사람들의 특성이다. 이것은 다른 좋은 방향으로 나갈 기회를 나 스스로 버리게 되는 결과를 초래하게 된다. 사전에 준비된 게 없다 보니 흐르는 대로 흘러가는 것이다.

돈 공부 역시 그렇다. 무엇을 어떻게 할 것인지 명확한 목표 설정이 있어야 한다. 그저 지나고 보면 어떻게 되겠지 이런 안이한 생각으로는 문제가 심각하다. 임박해서 허둥대다 기회를 놓치게 되면 그 결과가 평생을 좌우하게 된다.

지금 내가 처한 생활이 제때 미리 준비하지 못한 결과일 수 있다. 지나온 길을 한번 되새겨 보면 명확히 알 수 있는 사항이다. 어느 누구를 탓하겠는가.

남은 세월이라도 그런 실수를 반복하지 말라. 미리 계획을 세우고 공부에 임해야 한다. 모든 일에는 다 때가 있는 것이다. 때를 놓치게 되면 허둥대는 일만 있을 뿐이다. 준비된 자만이 옳은 길을 선택하게 된다는 사실 잊지 말라.

둘째, 계속해 보겠다는 결단력을 가져라.

여러 해 전에는 대단한 집념이라고 각 언론 매체마다 소개한 인물이 있었다. 100번을 넘게 도전한 끝에 운전 면허증을 손에 넣었다는 60대의 경우다. 100번을 넘게 도전했다니 정말 집념과 끈기가 대단하다. 60세가 넘어 도전했다는 것도 놀랍다.

이런 언론 기사를 보면 불굴의 의지, 집념과 끈기의 본보기라는 생각이 절로 든다. 정말 대단하고 우리가 본받을 만한 정신력이라할 수 있다. 여기서 우리가 배워야 할 교훈적 사실이 있다. 계속해 보겠다는 집념이야말로 그 어떤 장벽도 무너뜨릴 수 있다는 거다.

또한 이러한 사실을 한번 가정해 볼 수도 있다. 만약 105번째 면허증을 취득했다고 가정했을 경우, 104번째 도저히 안 되겠다고 포기했더라면 어떻게 되었을까. 105번째 영광이 바로 눈앞에 있음을 놓치고 말게 된다.

그렇듯이 돈 공부 역시 하다가 덮어 둔다면 눈앞에 보이는 더 큰 성공을 놓치게 되는 경우가 생길지도 모르는 일이다. 그동안 쌓아 온 노고를 더욱 살려 내 인생 성공하는 그날까지 꾸준히 전진해야 할 이유가 여기에 있다. 그것이 삶의 보람이고 희망이다.

셋째, 될 수 있다는 믿음을 가져라.

지금 공부해도 될까. 처음 돈 공부를 생각했을 때 그랬다. 이것 저것 해 보았지만, 소득 없는 일에서 노닐기만 했던 세월이었다. 그래서 늦은 나이와 관계없이 결심하기에 이른 것이다. 굳은 신념 은 크나큰 자산이 될 수 있음을 느꼈다.

나 자신이 특별한 능력이 있는 것도 아니지만, 요즘의 돈 공부 제대로 이루어지고 있는 단계가 되었다. 나에게 신념이란 내 능력 을 최대로 활용케 하고 그것을 행동으로 옮기게 해주는 역할을 했 다. 그러한 믿음은 누구나 가질 수 있는 일이다.

굳게 믿는 마음이 곧 신념이다. 신념은 내 생각에 생명을 불어넣 어 주고 힘을 북돋아 준다. 자신이 자신에게 믿음을 심어주는, 굳 은 신념은 과학으로도 풀 수 없는 강한 기적을 부르기도 한다. 나 는 어떠한 믿음으로 임하고 있는지 한번 되새겨 보자.

주위 상황이 흔들려도 나의 마음이 흔들려도 나를 이끌어 갈, 그러한 굳은 신념이 나에게 있는가. 지금은 그러한 신념이 필요한 때다. 가야 할 길이 정해졌다면 '내가 가야 할 길은 이것뿐이다.'라는 믿음으로 헤쳐 나아가야 한다.

넷째, 잠재의식을 깨워라.

미국의 자산가 마크 엘런은 말하기를 "목표와 꿈을 반복해서 말하라. 그러면 그것이 당신의 잠재의식에 각인된다. 잠재의식은 당신이 생각하고 꿈꾸는 모든 것을 강력하게 지원해 주는 거대한 에너지 발전소이다."라고 했다.

그는 30대 때까지 무일푼의 빈털터리 신세였으나 피나는 노력과 잠재력의 발현으로 성공을 이루어 낸 입지전적 인물이다. 목표와 꿈을 현실화하여 미국 출판계를 선도하는 기업가로 우뚝 서게 되었다.

잠재의식을 최대한 활용한 결과였다. 누구라도 가능한 일이다. 지금까지 돈 공부의 계획도, 그것을 이행하려는 방안도, 이러한 모든 것이 마음속에서 우러나오기 때문에 가능했다. 그러한 다짐을 한 단계 더 업그레이드시키면 된다.

그렇듯이 내 마음의 창고에 있는 잠재의식의 카드를 어떻게 활

용하느냐에 따라 세계적인 재력가도, 스포츠 스타도, 유명 정치인
도, 다 그렇게 해서 뜻을 이룬 것이다. 인간의 잠재의식은 무한하
다. 내가 활용하지 못하고 있을 뿐이다. 돈 공부에 어떻게 활용하
느냐에 따라 성공 여부를 가늠할 수 있게 된다.

2

당신이 돈을 모으지 못한 이유 4가지

모든 일에는 다 이유가 있다. 반드시 있다. 왜 남들처럼 돈을 모으지 못했을까. 그 이유를 한번 살펴보기로 하자. 문제가 있는 곳에 해결책 또한 있을 게 아닌가.

첫 번째 이유, 심약함에 있다.

심약한 마음으로는 이 세상에 할 수 있는 게 하나도 없다. 지난 세월에 마음이 약해서 불이익을 당하거나 손해를 본 일들이 그야말로 부지기수다. 현시대를 살아가는 젊은 세대라면 그런 정신으로는 어렵다. 뻔뻔스럽고 독해져야 한다.

사회생활에서 가장 먼저 갖추어야 할 덕목이다. 돈을 움켜쥘 수 있는 뱃심을 길러야 내 삶의 주인공이 될 수 있다.

그것은 어쩔 수 없는 우리네 생활상이며 현실이다. 독해지는 것은 남이 가져다주는 것이 아니다. 내가 갖추어야 할 엄연한 나의 실력이다. 그래서 심약하지 않으려면 뻔뻔해야 한다. 덮어놓고 그래야 한다. 달리 방법이 없다.

뻔뻔해야 하는 이유는 굳이 설명할 필요가 있을까. 어쩌다 접하는 언론을 보면 느낄 수 있는 일들이다. 등장하는 주요 인물들의 이면을 보면 배울 점이 더러 있다. 대체로 봐서 지위가 높거나 돈을 많이 번 부류 중 일부에서 간혹 볼 수 있는 현상이다.

비정상적 능력 역시 탁월한 편이다. 뻔뻔해야 이룰 수 있는 일들이 아니겠는가. 조관일 경제학 박사는 그의 저서『이기려면 뻔뻔하라』에서 말하기를. "세상은 확실히 뻔뻔하다. 이렇게 뻔뻔한 세상에서 경쟁자를 이기려면 매우 뻔뻔해야 한다. 그런 의미에서 후안무치가 시대정신이다."라고 했다. 온당한 말이다. 시대정신이라는 말보다 더 합당한 말이 있을까.

두 번째 이유, 학습 부족이다.

끊임없이 배우고 깨우쳐야 한다. 거듭 되풀이되는 말이지만 삶에서 중요한 것은 깨우치고 느끼는 것이다.『인생 수업』의 저자 데이비드 케슬러는 말하기를 "아무도 당신이 배워야 할 것이 무엇인지 알려 줄 수 있는 사람은 없다. 그것을 발견하는 것은 당신만의 여행이다."라고 했다.

또한 자기 계발 최고의 강사, 김미경 강사는 그의 저서『김미경의 마흔 수업』에서 "쉽게 좌절하지도 말라. 긴 호흡으로 나답게 살아 가면 그뿐, 늦었다고 초조하거나 자포자기할 이유가 없다."라고 했다. 김미경 강사가 60세를 살아보니 이제야 알겠다고 했다.

그렇다. 어느 사람도 내가 뭘 배워야 할지 알려주고 손에 쥐여줄 사람은 없다. 그것을 발견하는 것은 오로지 내가 해야 할 나의 일 이다. 어쩔 수 없는 현실이다. 돈을 많이 모은 사람들은 남보다 먼 저 발견하고 실행했을 뿐이다.

지금도 늦지 않았다. 내가 부족하거나 못났다고 결론을 내리기 엔 너무 이르다. 내가 뭐 하고 살았나 싶고 초라해 보일 땐 정신 놓 고 있으면 그건 해결책이 아니다. 부를 쌓겠다면 그와 관련된 지식 을 반드시 습득해야 할 일이다.

밤을 새워서라도 해야 한다. 살아가는 과정이나 학습에는 어떤 비법이 존재하는 것도 아니다. 단지 배우고 깨우쳐야겠다는 피나 는 노력이 있을 뿐이다.

세 번째 이유, 게으른 습관이 문제다.

해야 할 일을 제대로 못 하면서 많은 시간을 허비하며 살아가는 경우가 있다. 아! 이거 해야 하는데. 그러고는 하세월이다. 시답잖은 일에 시간을 보낸다. 게으름을 타파해야 하는데 문제는 결심이다. 그게 나도 될 수 있는 일일까.

세계적인 마라토너 이봉주 선수는 언론에서 이렇게 밝힌 적이 있다. 선수로 생활한 20년 동안 하루도 거르지 않고 하는 게 있다고 했다. 매일 5시에 일어나 2시간씩 달렸다고 한다. 심지어 신혼여행 가서도 새벽에 뛰러 나갔다는 거다. 정말 그 정신 대단하다.

그렇다면 나는 어떨까. 생각도 안일하다. 가진 것도 별로이면서 너무 편안함에 젖어 있다. 아침나절에 하겠다. 그러다가 또 오후부터 해보겠다. 뭔가 해내고 싶다면 그런 정신으로는 어림없다. 내 마음속에 실천하지 않겠다는 강한 동기가 깔려 있기 때문이다.

이걸 걷어내야 한다. 계속 그렇게 정신 놓고 있으면 어렵다. 아무리 손에 쥐어줘도 돈을 모아야겠다는 의지력이 없다면 그냥 새버리고 만다. 나에게 지금 필요한 것은 프로 정신이다. 1억 원을 모을 때까지는 다른 어떤 것도 거들떠보지 않는다.

바로 그런 정신 말이다. 그게 바로 희망적인 삶의 모습이며 열정과 노력의 참모습이 된다. 지금부터라도 독한 마음 한번 가져 봐야 한다. 그때 길이 훤히 보이게 된다.

네 번째 이유, 자신감의 결여다.

생활비도 빠듯한데 무슨 수로 돈을 모으나. 허덕이며 또 한 달은 간다. 아까운 청춘을 소득 없이 그냥 흘려보낸다. 여기서 한번 생각해 보자. 풍족하게 돈을 버는 사람이 그리 많은가. 그렇지 않다. 다 어려운 가운데서 허리띠를 졸라맨다.

졸라맨 허리띠에서 종잣돈이 나온다. 돈을 모으겠다는 굳은 결심, 그건 자신감에서 나온다. 그쯤이야 해낼 수 있다는 자신감! 그 자신감은 만들어지는 것이다. 극복하거나 맞서 헤쳐 나가거나 뱃심으로 밀고 나가는 거다.

돈을 모으려면 자신감이 있어야 앞뒤 가리지 않고 부를 향해 달려갈 수 있다. 그렇지 못하고 체념하면 그것으로 끝이 나고 만다. 내가 이런저런 핑계로 슬쩍 뒤로 물러선다면, 그 순간 좌절과 패배감이 뒤따를 뿐이다.

돈을 모아 보겠다는 시작 한번 못해보고 인생이 끝나는 거다. 돈 모으는 것은 영영 다른 사람들 얘기가 되고 만다. 어떤 난관이 닥

치더라도 앞으로 나아가고자 하는 마음이 중요하다. 절대 굴복해서는 안 된다. 어떻게 해서라도 이루고야 말겠다는 자신감은 내가 펼칠 수 있는 내 마음, 바로 내 마음의 문제이기 때문이다.

돈을 모을 수 있는 행동 4가지

돈을 모으지 못하는 이유 4가지를 살펴봤다. 이제 이와 반대가 되는 행동 4가지를 실천하기로 결심해야 한다. 첫째 뻔뻔해라. 둘째 돈 공부를 해라. 셋째 부지런해라. 넷째 자신감을 가져라.

이 4가지 중에 남의 도움이 필요한 것은 한 가지도 없다. 내가 언제라도 할 수 있는 내 마음가짐의 문제다. 인생 최후의 승부는 돈을 얼마나 많이 모았느냐에 달려 있다. 번 것이 아닌 남은 것에서 판가름 난다는 점이다.

다시 말해 남은 게 없으면 인생은 아무것도 아니다. 적게 벌어도 남는 것이 많다면 그 사람은 인생에서 한 걸음 앞서 나아가는 삶이 된다. 돈을 아끼고 모으면 반드시 좋은 날이 찾아온다. 그래서 미래가 보장된다. 내가 아니면 누가, 지금 아니면 언제, 이런 다짐으로 한번 바짝 챙겨 봐야 할 일이다.

<u>3</u>

가진 게 없을 때 돈을 벌겠다면

지방산림청에 근무할 때 일이다. 그 당시 직장 선배 한 분이 사직서를 내고 캐나다에 이민했다. 몇 년 후 나는 산불 교육 연수차 캐나다에 가게 된 적이 있었다. 그래서 캐나다에서 그 선배를 만났고, 이런저런 얘기 끝에 돈 버는 얘기가 나왔다.

이민해 와서 한동안은 적잖은 고초를 겪었고, 지금은 완전히 자리가 잡혔다고 했다. 생활 문화가 달라 어려움이 상당했지만 좋은 점도 많았다고 한다. 남의 시선 의식할 것 없고 오직 자기 능력대로 사는 분위기가 좋았다는 것이다.

내가 어떤 사람이고, 어디에서 뭘 하다 왔든 그건 아무 상관없다고 했다. 오로지 열심히 맡은 일만 하면 된다.

직업에 귀천이 있는 것도 아니고 그쪽 사회 풍토가 그러하니까. 또한 가진 게 있는지 없는지 부의 유무로 등급을 나누는 치사한 일도 없다. 설령 가진 게 없더라도 체면만 버리면 못 할 일이 없다. 그러면 안정된 삶은 보장되는 것이고. 한국에 있을 때 진작 그런 마음으로 했더라면 크게 성공했을 거라고 한참을 그렇게 웃고 말 았다.

그 선배가 하는 말 자체가 타국 객지에서 생활하면서 몸소 겪은 진실한 교훈이랄 수 있다. 체면을 중시하며 살았던 한국 생활이 아니라 체면을 버린 캐나다 생활이었다. 그 생활의 결과는 한국에서는 성공하지 못했지만, 캐나다에서는 성공했다.

그가 말했던 것처럼 물론 다른 요인이 있을 수도 있겠지만 그 모두가 밑바닥에는 체면을 버리는 일에서 나오게 된다.

체면이 판을 치게 되면

선배의 경우와 같이 체면을 버리느냐 아니냐에 따라 180도 다른 결과가 나온다. 체면이 판을 치면 돈 버는 일에는 최대의 걸림돌이 된다. 체면을 차리다 보면 내용보다 형식이, 실력보다 허세가 더 강하게 작용한다.

속이 빈 강정과 같이 알찬 데라곤 없다. 너무 체면에 의존하는 것은 돈 버는 일에 아무런 도움이 되지 못한다. 다른 사람들이 나를 어떻게 볼까. 염려하는 경우가 있다. 사실 그럴 필요 전혀 없는데 제삼자는 그런 일에 크게 관심도 없다.

　그 염려는 전적으로 본인 혼자만이 하고 있을 따름이다. 마음의 문제다. 남들보다 내가 더 나은지 아닌지 신경 쓰고 있으니, 정작 돈 버는 일에는 걸림돌이 될 수밖에 없는 일이다. 모든 기준은 내가 되어야 할 텐데 그게 아니고 남이 되니 그게 문제랄 수 있다.

　그래서 체면을 확 걷어치우는 게 우선적 일이다. 안타깝게도 아무 곳에도 쓸모없는 체면이 우리의 발목을 잡고 있다. 선배의 뼈저린 교훈대로 일단 체면만 버리면 못 할 일이 없게 된다.

　성공한 대부분 사람이 체면 불고하고 굳은 결심으로 일을 해낸 것이다. 가진 게 없을 때 돈을 벌겠다면 체면 하나만 버려도 한 걸음 앞설 수 있게 되는 일이다.

<u>4</u>

돈과 관련된 법은 얼마나 지키면 될까

지나치게 법을 지키는 사람이 있었다. 지방산림청에 근무할 때 직장 선배 한 분이 그랬다. 준법정신이 아주 강했다.

그 직장 선배와는 길거리를 함께 다닐 수도 없을 정도다. 도로 중앙에 실선이 있으면 건너려고 하지 않는다. 건널목 표시가 있는 곳까지 빙 둘러서 도로를 건넌다. 너무 그러면 안 된다고 해도 요지부동이다.

법규에 저촉되는 일은 하지 않으려 한다. 근무 자세는 철두철미하다. 출근하고부터 퇴근 때까지 항상 변함이 없다. 법규를 너무 따지다 보니 출장 업무 수행이 어려울 때가 더러 있다.

준법정신 차원에서 본다면 그의 행동이 지극히 정상적인데도 말이다. 여기서 느껴지는 게 있다. 지나친 법규 준수도 때로는 웃음

거리가 될 수도 있다는 것을, 어렵다. 어느 것이 정의로운 사회 구현이란 말인가.

지금은 그 직장 선배가 어떻게 살고 있을까. 법규를 지나치게 준수하고 살아온 결과가 어떠했는지. 궁금하다. 윤택해졌을까. 아니면 변함이 없을까. 참으로 헷갈리는 일이다.

준법정신은 얼마나 필요한가

다른 예를 보면 준법 투쟁이라는 언론 보도가 있다. 어느 노조 단체 근로자들이 자기네 주장이 관철되지 않았다고 법규를 엄격하게 지키는 행사를 한단다. 그렇게 법규를 지키게 되면 일부 열차의 운행이 지연되는 등 문제가 된다고 당국에선 대책 마련이니 뭐니 부산스럽다.

제대로 지켜서 운행하면 결과가 그렇다고 한다. 그렇다면 그네들이 지금까지는 어떻게 했다는 얘긴지, 뭐가 뭔지 정말 잘 모르겠다.

이런 정도 보다 더 헷갈리는 게 있다. 장관 후보자나 고위 공직자를 지명할 때 청문회 제도라는 게 그렇다. 청문회 때 재산 신고 누락이라든가 부동산 등 착오가 있었다는 후보자의 경우가 있다.

그런 청문회를 볼 때마다 헷갈림에 빠져들게 된다. 안 지켜도 되는 사문화된 법도 있을 것이다. 나 역시 일상생활에서 작은 법규 정도까지 착실히 지켜야 하는지 헷갈리는 일이 많을진대.

그렇게 위안으로 삼는 게 더 속 편한 일이다. 그들이 다 우리 사회를 이끌어 가고 있는 지도층이거나 경제 발전의 역군들인데 더 말할 나위 있으려나.

더불어 살아가기

생활 속의 가까운 예를 한번 보자. 부동산 사무실을 운영할 때 일이다. 사업자의 부가가치세에는 일반과세와 간이과세가 있다. 중개 수수료 차원에서 보면 간이과세를 더 선호할 수도 있다.

일반과세자의 경우 부과 세율에 따라 10%의 세금을 내게 된다. 그러면 중개 수수료를 내는 고객 측에서는 아주 불쾌하게 생각한다. 다른 부동산 사무실보다 왜 10%를 더 받느냐는 불만이다. 그래서 소득을 실제보다 낮게 신고하게 되는 일도 있다.

또 다른 예를 한번 보자. 어떤 물건을 살 때 카드보다 현금으로 결제해서 물건값을 할인받는 때도 있다. 세금 포탈의 빌미를 제공하는 셈이다. 그리고 차량 운행 때 잘 지켜지지 않는 게 있다. 60km 도로에서 70km 정도의 차량 운행은 그저 그런가 보다 하게 된다.

무뎌져서 같이 휩쓸리고

이런 생각을 해 볼 수도 있다. 과세 요율을 정확히 지킨다면 8% 정도만 해도 세수 확보가 될 텐데, 안 내는 사람 몫까지 해서 10%로 하는 건 아닌지. 또한 60km 도로에서 모두가 정확히 지켜만 준다면 굳이 60km로 표시하지 않고 70km로 하지 않았겠나 하는 생각이다.

그러니 지키지 않는 사람의 몫을 선량한 사람이 부담하는 건 아닌지 알 수 없는 노릇이다. 2022년도 한 해에 교통 과태료나 범칙금으로 징수된 금액이 무려 1조 7천억 원이라고 한다. 단속 카메라가 많이 늘어났기 때문이라지만 이해하기 힘든 부분이다.

일부 범법자들 때문에 애꿎은 시민들만 부담이 가중되고 있다는 느낌이 든다. 분명 지금도 불법과 편법은 자행되고 있을 테고, 무뎌져서 같이 휩쓸리고 정말 모를 노릇이다. 우리 서민이야 정직하게 살게 되면 그만큼 보상받는다는 것을 상식으로 알고 있을 텐데.

어찌 되었든 의무와 책임을 다한 사람들이 손해 보는 일이 없는 사회야말로 밝은 사회가 아니겠는가. 그러나 주변에 워낙 헷갈리게 하는 일들이 많으니 뭐가 진실인지 알다가도 모를 일이다. 우리 사회에서 법적 정의란 과연 무엇인지.

법은 어느 정도 지키면 될까

그렇다면 돈과 관련된 법은 얼마나 지키면 되는 것일까. 해답이 없는 것도 아니다. 위의 사례에서 유추해 볼 수 있다. 돈을 아주 많이 번 사람들을 따라 하면 될 일이지 싶다. 시대의 흐름을 따르는 게 바람직하지 않겠는가. 그들은 그 많은 돈을 어떻게 벌었을까.

대체로 어느 정도 선량한 사람이 대다수다. 그러나 일부에서는 그렇지 않을 수도 있다. 합법을 가장한 돈벌이 또는 법망을 교묘히 피해 돈을 버는 일이라든가, 우리는 상상조차 할 수 없는 일들이 있을 수 있다.

지금껏 알게 모르게 그렇게 은밀히 이루어지고 있는지도 모른다. 어쩌다 걸리면 지위나 돈으로 무마하거나 몰랐다고 발뺌을 할 수도 있을 것이다. 또는 벌금이나 과태료 내고도 남는 장사라면 또 되풀이될 테고. 그들은 마땅히 비난의 대상이 되어야 한다. 그런데 오히려 이재에 밝다고 선망의 대상이 되거나 존경받는 사회가 된다면, 상상조차 하기 싫은 일들이다. 젊은이들이 본받아서 동참해야 할 일인지 아닌지 정말 헷갈린다.

5

부를 쌓는 길로 안내받는 간편하고도 확실한 방법

부동산 사무실을 운영할 때 습관화된 게 몇 가지 있었다. 그중에 커피 마시기와 책 읽기가 있다. 커피는 아침 출근해서 한잔, 손님이 오면 한잔, 안 오면 심심해서 또 한잔, 그렇게 즐겼다.

하루에 한두 잔 마시던 것이 몇 년 후 대여섯 잔으로 늘었다. 그것도 봉지 커피를 7년 정도는 계속된 것 같다. 몸에 좋을 리가 있나. 콜레스테롤 수치도 높아지고 그래서 끊기로 했다. 그게 쉬운 일이 아니었다. 결국 커피 정수기를 반납하고 부산을 떨었다.

그런데 책 읽기는 그때 습관이 오래 가고 있다. 중개 수수료를 받을 때마다 책 한두 권씩 사게 되었다. 처음 시작할 땐 책장 하나였는데 책장이 4개까지 늘었다. 사무실에서 책을 읽고 있으면 온통 평온함에 젖는 매력이 있었다.

찾아오는 손님이 없으면 없는 대로, 그저 책 읽는 재미에 마음 편했다. 그러면 안 되는데, 그때나 지금이나 자기가 맡은 업무에 충실해야 하는 게 당연한 일일 텐데. 그래서 요즘 읽고 있는『세이노의 가르침』이라는 책이 가슴에 와닿는다.

부자들은 어떻게 책을 읽는가

『세이노의 가르침』이라는 책을 작년 5월경 살 때 베스트셀러였는데 해를 넘긴 지금까지도 베스트셀러다. 그만큼 감동을 주는 책이라는 의미다. 그 책을 읽다 보면 가슴이 확 뚫리는 느낌이 가득하다. 아마 여운이 오래 머물기 때문인 듯하기도 하다.

그 책의 저자 세이노(필명)는 가난을 물리치고 성공한 천 억대의 자산가다. 한때는 가정집 차고에서 살기도 했고 결혼 후에는 거의 10여 년 이상 쉬는 날 없이 밤늦도록 공부와 일에 몰두했다고 했다. 자산을 모으기 시작했고 어느 해는 10억 원대의 소득세를 내는 자산가가 되었다.

그렇게 되기까지는 여러 요인이 있을 것이다. 그중에는 부자가 되는 데 도움을 주는 책들에 몰두했다는 이유도 들 수 있겠다. 그는 1년에 100권이 넘는 책을 읽기도 했다고 했다. 부자, 경제, 투자, 경영 등에 관한 책들이라고 한다.

그가 말하기를 "부자가 되는 데 도움을 주는 책을 제대로 골라 많이 읽고, 자신을 스스로 변화시킨다면 부자가 될 가능성이 더 커진다고 나는 믿는다."라고 했다.

그리고 더 가슴 깊이 느껴지게 하는 말이 있다. "책을 읽고 지식을 축적하라. 뭘 배우든지 간에, 미친 듯이 피를 토하는 마음으로 제대로 하라."고 했다.

그의 얘기대로 미친 듯이 피를 토하는 마음으로 나 자신을 스스로 변화시킨다면 부를 쌓는 길이 보이게 될 것이다. 부를 쌓는 길을 보게 되는 것은 결국 재능이나 배경이 아니라 책을 가까이하는 나 자신에 있다.

부를 쌓는 길 안내 받기

세이노(필명)가 그러하듯 돈을 많이 번 부자들 대부분은 책을 많이 읽는 사람들이다. 책을 이해하는 능력이 생기면서 스스로 깨닫게 될 때 비로소 부를 쌓는 길이 보이게 된다. 그러할 때 나 자신은 책으로부터 부를 쌓는 길을 자연스럽게 안내받게 된다.

이 지극히 간단한 사실이 가슴 깊이 각인되기를 바라는 바다. 그렇듯이 책을 사서 보는 돈은 아까워할 일이 아니다. 책에 푹 빠지게 되면 단돈 1만 원이 나에게 수억 원의 돈을 안겨 둘 수도 있다.

그러니 부를 쌓는 길을 염두에 두는 순간부터는 관련된 책과 친해져야 한다.

　더구나 경제와 관련된 책은 내 삶을 위해서도 꼭 필요하다. 그것은 읽은 양만큼 바로 내 생활에 직접 영향을 미치기 때문이다. 마트에 가듯 그렇게 서점에 한번 가 보자. 서점에 가면 깊이 있고 성찰 있는 책을 종종 발견할 때가 있다.

　책 속에는 나와 동시대를 살아가는 사람들의 욕망과 의식의 흐름이 깃들어 있다. 한 권의 책을 기본서로 삼고 여러 관련 서적을 덧대면 나만을 위한 지침서가 만들어진다. 내 인생 가는 길이 한결 부드럽고 수월해진다. 그뿐만 아니라 부를 쌓는 돈 공부 계획도 반드시 이루어지게 된다.

6

돈 버는 데 도움 되는 공인중개사 심리 활용법

　부동산 사무실을 운영하면서 내가 겪은 일들 위주로 주관적으로 기술했다. 그래서 전체 공인중개사의 심리와는 다소 거리가 있을 수도 있음을 밝혀둔다. 공인중개사라고 해서 별난 심리를 가진 것도 아니다. 그들도 자영업자의 한 사람이다. 다만 수입을 중개 수수료에 의존하는 것만 다를 뿐이다.

　그럼 부동산 사무실을 한번 들여다보기로 하자. 사무실에 손님이 없어 썰렁한 것보다는 누군가가 찾아오면 속으로는 그저 반갑다. 그런데 표현력이 부족한 경우도 있다. 몇 번이고 찾아 주고 이것저것 물어보고 친근감을 보이면, 그때 서야 터놓고 얘기를 잘하는 공인중개사도 있다. 자주 찾아 주면 은근히 좋아하는 것이 공인중개사의 솔직한 심리다.

안면 있는 공인중개사를 길거리에서 만났을 때, 인사도 없이 그 냥 지나치더라. 그럴 경우 이해하면 된다. 분명 눈썰미가 약한 공 인중개사도 있을 수 있다. 긴가민가하다가 인사를 놓치는 경우다. 그런 공인중개사에게 누구 아니냐고 손님이 먼저 인사하면 더 돈 독해진다.

수수료 더 줄 테니 잘 진행해 달라?

아파트나 단독주택은 그런 부탁 하나 마나이고, 토지는 때에 따 라 다르다. 구체적으로 언제 얼마를 더 주겠다고 적극적인 의사표 시가 있을 때는 관심을 더 두는 듯해 보이기도 한다. 실제로는 그 것만 더 열심히 챙기는 것은 아닐 수도 있다.

비단 그것뿐만 아니라 공인중개사는 수수료 벌이가 되는 일은 뭐든 열성적일 수밖에 없다. 다른 부동산 사무실에서 건수 올리기 전에 매수자를 찾아야 한다. 2등은 해봐야 헛일이기 때문이다.

중개 수수료 요율표는 사무실 벽면에 의무적으로 비치하게 돼 있 다. 과다 청구하면 시, 군, 구청 해당 부서에 고발하는 제도가 있다.

그래도 토지는 수수료 이외 금액이 은밀히 이루어질 수도 있다. 매도자 역시 제때 팔았고, 제값을 받았기 때문에 남는 장사라고 생각하기 때문이다. 그래서 실제 고발로 이어지는 경우는 거의 없다고 봐도 무방하다.

물건은 우리 부동산에만 내놔도 된다?

여러 곳에 내놓는 게 통상적인 형태다. 그러나 전속 중개 형태로 하는 때도 있다. 즐겨하는 형태는 아니다. 미국이나 유럽에서는 주로 그렇게 한다.

전속 중개 계약이란 특정 공인중개사를 지정해 중개를 전속으로 의뢰하는 것을 의미한다. 전속 중개를 의뢰하면 1명의 공인중개사만 대하면 되고 그 뒤로는 신경 쓸 일이 없다는 장점이 있다. 그러나 욕심이 많은 공인중개사의 경우, 물건 소유자의 믿음을 이용하려고 하지는 않을까 하는 단점도 있다.

공인중개사로서는 전속 중개 의뢰가 오면 좋게 생각하기 마련이다. 일단은 다른 공인중개사와 경쟁에서 벗어날 수 있기 때문이다. 매물이 하나 나오면 공인중개사끼리 보이지 않는 경쟁이 생기기 시작한다. 그걸 이용하자면 여러 곳에 내놓는 것이 좋다. 내놓을 때는 부동산 사무실에 들르지 않고 전화로 여러 곳에 하는 게 더 편하기도 하다.

전화상으로 물어보면 좋아하는가

부담스러워할 건 없다. 그러나 전화상으로 처음 대하는 사람이 토지 번지수를 묻는 경우는 다르다. 공인중개사가 좋아할 리 없다. 웬만해선 안 알려준다. 번지수만 알고 부동산 사무실에는 오지 않을 사람이기 때문이다.

내 물건 알짜 정보만 흘려보내는 거다. 물건 정보 그냥 주고 손님 놓치는 경우다. 전속 중개일 경우는 번지수를 알려주기도 한다. 공인중개사의 측면에서 보면 전화 통화를 할 때는 가벼운 확인이나 문의를 주로 하고, 실질적인 내용은 방문해서 상담하기를 바라는 심정이다.

전화상으로 관계 법규를 묻는 경우 공인중개사가 잘 모를 때도 있다. 전문가 체면상 모른다는 얘기보다는 이것저것 둘러대기도 한다. 그건 들어 보나 마나 뻔한 얘기일 가능성이 크다. 정확한 정보를 얻기 위해선 '무엇이 궁금한데 내일 들를 테니 알려주면 좋겠다.' 이 정도가 좋다. 그러면 확실히 챙겨 놓았다 알려 주게 된다.

임대차 계약이 갱신된 때 처리 과정

진행 상태에 따라 다르다. 전혀 변동 사항이 없을 때는 다시 쓰지 않아도 된다. 그러나 약간의 변동 사항이라도 있을 때는 쓰는 게 좋다. 만약 전세 보증금이 증액되었다면 반드시 다시 써야 한다. 이때도 등기부등본 확인은 필수다.

계약서는 애초 계약서를 작성했던 부동산 사무실에 부탁하면 된다. 등기부등본상 당초와 달라진 게 없다면 이미 살고 있는 집이라 문제 될 게 없다. 서로 하자도 없고 다만 금액만 증액되었기 때문이다. 중개 수수료는 수고비 정도면 가능하다.

물론 더 요구하는 공인중개사도 있을 수 있다. 그러나 보통의 공인중개사 심리로 봐서는 수고비가 얼마가 됐든 그만큼 소득이라고 생각한다. 계약서는 다시 써도 되고, 기존 계약서를 활용해도 된다. 기존 계약서를 활용할 경우는 하단에 보증금의 증액 사항을 적고, 보증금을 제외한 다른 조건은 같다고 기재하면 된다. 임대인, 임차인 서명 날인과 일자 기재는 당연하다. 그날 바로 주민센터에 가서 확정 일자도 다시 받아 둔다.

친목 단체에 가입한 공인중개사

가입하지 않은 공인중개사나 차이가 없다. 다만 그들만의 몇 가지 장점은 있다. 원주지역의 예로 보면 4개 정도의 단체가 있다. 다른 지역에도 친목 단체가 없는 지역은 아마 없을 것이다. 회원들끼리 물건을 공유하고 서로 정보를 교환하기도 하고, 공동 중개하기도 한다.

물건은 인터넷 사이트에 올리고 회원들끼리 공유하게 된다. 먼저 올리는 회원에게 우선권이 있고 공동중개로 이어지게 된다. 공인중개사는 이왕이면 자기 사무실에 먼저 물건을 내놓기를 바라게 된다. 접수된 아파트의 경우 어느 아파트, 몇 동, 몇 호 매도 희망 가격 등을 올린다.

일반인은 볼 수 없는 구조다. 한 달에 한 번 모임을 하고, 일 년에 한 번 정도 해외나 국내 여행을 즐기는 때도 있다. 그러니 그들끼리 단합이 잘될 수밖에 없다. 가입조건도 까다롭다. 부동산 중개인이나 명의만 빌린 부동산은 가입 자체가 어렵다. 회원은 주로 여자 공인중개사가 많다. 같이 공동중개도 해 보니 아파트 중개는 확실히 여자 공인중개사가 더 잘하는 것 같다.

깡통전세를 거래하는 중개사는 없다

공인중개사가 중개업소를 개업하고자 할 때는 2억 원의 보증 보험에 의무적으로 가입하게 되어 있다. 만약 공인중개사의 잘못으로 손실을 보게 된 때에는 보증 보험 한도 내에서 손실 금액을 청구할 수 있다.

한국공인중개사협회나 보증보험회사에서 배상 후 공인중개사에게 구상권 청구하는 제도다. 그래서 공인중개사도 거래 사고가 발생하지 않도록 많은 관심을 기울이는 편이다.

그러나 극히 일부에서 전세 사기에 공인중개사가 연루되었다는 언론 보도가 있다. 만에 하나 그런 경우이긴 하지만 기가 막힐 노릇이다. 의도적으로 접근할 때는 짐작하기 어렵다. 이럴 경우는 거래 시세와 전세금을 검토하여 전세금이 많다고 느껴질 때는 전세 계약을 피하는 게 좋다.

너무 저렴하게 나온 경우이거나 계약을 서두르는 경우도 의심의 여지가 있다. 계약 후에는 집주인이 보증금을 돌려주지 못할 때를 대비해 전세보증금반환보증 가입을 고려하는 세입자도 느는 추세다. 전세 반환보증을 취급하는 기관으로는 주택 도시공사와 한국주택금융공사, 서울보증 등 세 곳이 있다.

부동산 사무실이라면 다 같은 곳인가

부동산 사무실은 주로 공인중개사가 운영하는 사무실이다. 간혹 그렇지 않은 곳도 있다. 공인중개사와 모든 게 동일하게 취급되고 있는 부동산 중개인 사무실이 있다. 공인중개사 제도가 생기기 전부터 운영하던 사람들의 기득권을 인정해 준 것이다.

공인중개사 자격증만 취득하지 못했을 뿐, 실력이 더 있는 부동산 중개인도 있다. 부동산 중개인은 간판을 보면 알 수 있다. 그리고 어쩌다 부동산 컨설팅이라는 간판도 보인다. 공인중개사 사무소와는 다른 곳이다. 공인중개사 자격증 명의를 빌려 운영하는 곳도 있을 수 있다. 공인중개사법에 저촉된다. 겉으로 보기에는 알기 어렵다.

부동산 사무실에는 중개보조원을 두고 하는 곳이 많이 있다. 중개보조원은 말 그대로 중개 업무를 보조하는 역할이다. 명함에 무슨 공인중개사 사무소 부장이니 팀장이니 이럴 땐 중개보조원이라고 보면 무방하다.

중개보조원을 고용할 때는 해당 시, 군, 구청에 등록이 의무화되어 있다. 중개보조원이 맞는지 전화로도 확인할 수 있다. 그들은 거래 중개 알선에 깊이 관여해서는 안 되지만 실력은 인정할만하다.

원칙만을 내세우는 공인중개사

웬만하면 이해하여 주는 게 좋다. 공인중개사 역시 고객을 믿어야 할지, 말지 고민스러울 때가 있다. 나 같은 경우 처음 시작할 때만 해도 뭐가 뭔지 잘 몰라 겁 없이 덤벼든 적이 있었다. 햇수가 지날수록 중개 사고에 대한 염려가 생기곤 했다.

그래서 초보자 보다는 경험이 쌓이면 더 세심해지는 경향이 있다. 거래 진행 과정에서 일의 속도는 느릴 수 있지만 안전성은 가지게 된다.

특히 잔금 지급 전에 집 열쇠를 요구하는 매수자가 있는 경우, 공인중개사는 원칙을 내세우는 때가 있다. 매수자가 집 청소를 한다거나 어떤 핑계로든지 열쇠나 비밀번호를 얻은 후, 잔금 납부 전에 입주하게 되면 난감하기 이를 데 없다.

또 다른 경우로 원칙을 내세우는 경우도 있다. 공인중개사의 잘못으로 재산상 손실이 생겼을 경우 공인중개사의 변상 의무가 있다는 판례도 있다. 그래서 잘못을 피하기 위한 공인중개사의 솔직한 심리다.

중개 과정에서 습득한 비밀

대체로 잘 지켜지고 있다고 본다. 비밀 엄수 사항은 공인중개사 법규에도 명시되어 있고, 공인중개사가 가져야 할 덕목 중 하나다. 주민등록번호라든가 개인 정보는 잠금장치가 된 보관함에 보관하고 있다.

그것도 5년간이나 보관한다. 그 후 폐기 처분한다. 중개업을 하다 보면 어쩌다 소문내서는 곤란한 얘기를 듣는 경우도 있을 수 있다. 분명히 있을 텐데, 중개업을 하는 동안 소문으로 인한 불상사는 없었다.

그러한 것으로 볼 때 공인중개사에게 상세하게 얘기해 줘도 괜찮을 것 같다. 특히 상가나 토지를 보러 다닐 땐 그렇다. 확 터놓고 얘기해야 진심이 오간다. 물건을 보러 다닐 때 자세하게 말하는 것을 꺼리는 고객이 더러 있다.

성격상 그럴 수도 있겠지만 공인중개사를 믿어도 된다. 그러면 친근감도 생기고 공인중개사도 그런 사람을 더 챙겨 주고 싶은 마음이야 인지상정 아니겠는가.

공인중개사는 유능한 거래 전문가다

나 같은 경우는 실전 경험 없이 운영했고, 경험 있는 중개보조원의 도움 없이 업무 처리했기에 유능한 축에 든다고 보기 어려울 수도 있다.

그러나 오랜 경험과 노하우를 가진 공인중개사는 확실히 다르다. 경쟁이 치열한 부동산 업계에서 오랫동안 살아남았다는 자체 하나만으로도 높이 평가할 만하다. 대단한 전문가라고 볼 수 있다.

공인중개사 자격증 소지자가 전국적으로 50만 명 가까이 된다. 그중에 개업 공인중개사는 11만 6천 명을 약간 넘을 정도다. 10명 중 두세 명만이 개업하고 있는 실정이다. 장롱 면허증으로 묵히고 있다는 것은 그만큼 시장성이 없기 때문이다.

1년에도 많은 공인중개사가 개업하기도 하고 한편에선 폐업 신고를 내고 있다. 과잉 경쟁으로 사업이 힘들고 생계를 유지하기 어렵다는 뜻이다.

그럼에도 불구하고 한곳에서 오랜 기간 중개 업무를 보아 온 공인중개사들 대단한 능력의 소유자라 아니할 수 없다. 정말 대단한 실력자다. 유능한 공인중개사를 믿고 서로 협력하면 내 재산을 늘리는 데 큰 도움이 될 수 있다.

7

약자가 가질 수 있는 가장 강력한 무기

벌써 제2장의 마무리 단계를 향하고 있다. 그동안 돈 공부를 그만두고 싶은 마음도, 아니면 신명 나게 재미있다는 생각도 다 마음먹기 나름이다. 진정으로 더 나은 삶을 바란다면 길은 오직 하나, 내 인생 내 앞길을 다듬는 데 있다. 여기까지 온 정성으로 조금만 더 힘을 내면 된다.

그리하여 보란 듯이 한번 가 보자, 부를 쌓는 나의 길이 멀리 있는 것이 아니다. 돈 공부를 해보겠다고 나선 길이다. 안 될 일이라곤 없다. 매사가 즐거움에 휩싸이게 된다. 어려운 일이 아니다. 지금 하는 일에 조금 더 마음을 두면 된다.

마음의 안정을 되찾고

길을 가다 보면 어느 때는 좀 쉬었다 갔으면 하는 마음도 있을 수 있다. 그렇다면 기분 전환하는 마음으로 잠시 충전하고 쉬엄쉬엄 들어가 보면 될 일이다. 조선 시대 황진이 시조 중에 하단부에 이런 구절이 있다.

"고인 임 오신 날 밤이어든 굽이굽이 펴리라."

돈 공부 격려 차원에서 본다면 지금의 내 심정이 이런 정도 비슷한 게 아닐까 싶다. 돈 공부는 절대적 개념이라는 이야기 다발을 굽이굽이 펼치고 싶은 심정이다. 하루하루 목표를 향해 나아가는 자체가 행복이라는 것을 잊지 말라. 행복이란 게 거창한 곳에 있는 게 아니다.

행동으로 옮겨 성과를 내면 그 행복감은 정말 대단하다. 오래도록 두고두고 행복감에 젖어 든다. 나도 그러한 행복감에 젖어 볼 수 있다. 끝까지 해낸다면 나 자신의 꿈은 이루어진다. 반드시 그렇게 된다.

그러기 위해서는 계속해 나아가겠다는 다짐을 빼놓을 수 없다. 표정도 행동도 자신만만해야 한다. 끝까지 이루고야 말겠다는 다짐이야말로 부를 쌓는 원동력이 된다.

끝까지 이루고야 말겠다는 집념

천호식품 김영식 회장도 언론 매체를 통한 강연에서 그런 말을 했었다. 끝까지 이루고야 말겠다는 집념이 부를 쌓는 길이라는 것이다. 그는 IMF 외환위기로 파산 지경에 몰리기도 했다고 한다. 그러나 목표를 향해 앞만 보고 달리겠다는 결심을 했다는 거다.

자사 제품을 못 팔면 죽는다는 결심으로 뛰었다고 인터뷰에서 밝힌 적도 있다. 그렇게 열심히 일에 매달린 결과 뜻을 이루게 되었다고 한다. 정말 대단한 기업가 정신이다. 본받아야 할 철학이 아닌가 싶다.

이 시대, 대체 목숨 걸고 노력하며 사는 사람이 얼마나 될까. 목숨 걸고 노력하면 안 되는 일 없다는 대단한 각오, 누구든 그 정도의 각오를 둔다면 안 되는 일은 결코 없을 것이다. 약자가 가질 수 있는 가장 강력한 무기다.

그 이상 무엇이 필요할 것인가. 정신력의 문제다. 그는 텔레비전에 직접 출연하여 자사 제품 선전 광고를 하며 더욱 유명해졌다. "참 좋은데, 정말 좋은데, 표현할 방법이 없네." 텔레비전 광고 어디에선가 한두 번 들어 본 듯한 광고 멘트의 일부일 것이다.

이 또한 지금의 내 심정이 이런 정도 아닐까 싶다. 그렇다면 광고 멘트를 내 심정으로 패러디 한번 해 볼까.

지금껏 이게 정말 좋은데, 참 좋은데. 이거 해 봐라, 저거 해 봐라, 돈 공부 주문만 하고, 이제 더 이상 표현할 방법이 없네. 나처럼 늙어 보면 안다고 말하기도 그렇고.

정말이지 군말이 필요 없다. 본인이 마음 깊이 느껴야 할 사항이다. 김영식 회장이 했듯이 그런 정신으로 한번 해보면 어떨는지. 부를 쌓으려고 나선 길이다. 죽기 살기 정신으로 한번 해보는 거다. 그리하여 감격스러운 그날을 맞이하길 바란다. 감격스러운 일 그처럼 기분 좋은 일 또 어디 있으려나. 생각만 해도 가슴 벅찬 일이다.

감격스러운 그날을 위하여

수년 전 자유 여행으로 독도에 갔을 때 일이다. 독도에 발을 들여놓는 순간 얼마나 감격스러웠던지 지금도 생생하다. 동해 묵호항에서 출발하여 울릉도에서 1박을 하고 다음 날 독도를 향했다. 날씨도 너무 좋아 일렁이는 파도조차 잠잠하다.

저 멀리 독도가 보일 때부터 가슴이 벅차오르기 시작했다. 감격에 겨워 탄성이 절로 나온다. 그다음 날 울릉도에서 묵호항으로 나올 때까지 벅찬 마음으로 가득했다. 누구든 어떤 일에서든 감격스러웠던 경험이 있을 것이다. 부를 쌓는 나의 길에 희망이 넘친다면 어떤 감격으로 다가올까.

감격스러운 그날을 위해. 내가 가고 있는 길에 박차를 가해 봐야 할 때다. 그러기 위해 제2장의 마무리 과정을 거친 후, 제3장으로 들어가 보기로 하자. 제3장과 제4장은 돈 버는 과정을 다루었기에 경제 부분의 일부에서는 딱딱하다는 느낌이 드는 곳도 있을 수 있다. 돈 버는 과정이 처음부터 흥미진진하다면 얼마나 좋을까마는. 어찌 되었든 그게 다 마음먹기에 달린 문제다.

경제 논리가 나올 때는 이해하면서 부드러운 마음으로 들어가 보면 된다. 가다가 힘에 부치면 잠시 쉬어 가면 된다. 나약해진 마음도 추슬러 보고, 무뎌진 정신도 새롭게 연마하면 힘이 솟는다. 약자가 가질 수 있는 가장 강력한 무기가 나에게는 있다. 죽기 살기 정신이다. 자 이제 감격스러운 그날을 위해, 보란 듯이 한번 나서 보자.

직접 겪은 돈 공부의 입문 과정

나는 왜 느지막이 돈 공부를 하려고 했는가. 생각해 보면 지난 세월. 2006년 공무원 정년퇴임 후 마음 놓고 어디론가 훌쩍 떠나 보고 싶은 생각도, 그동안 이루지 못했던 이것저것 해보고픈 마음도 모두 쌓여만 갔다. 그러다 허황된 바람도 부질없는 마음 앓이 그마저 시들해질 무렵, 찾게 된 것이 공인중개사 자격시험 공부였다.

자격증 취득 후 '욕심은 낮추고 체면은 버린다.'는 다짐 하나만으로 개업에 이르렀고. 그렇게 공인중개사 업무로 몇 년이 흘렀다. 그런데도 업무 실력이 늘지도 않고, 그렇다고 배짱이 늘기나 했나, 하는 일이 영 신통찮다.

그날, 이미 끝난 계약서를 들고 우리 부동산을 찾아온 매도인은 다운 계약서로 다시 작성하자며 치근댔다.

다운 계약서는 안 되겠음을 알기 쉽게 설명해 줬다. 그래도 막무가내다. 결국 합의점을 찾지 못하고 이미 체결된 계약마저 파기로 끝나고 말았다. 중개 수수료는 생각지도 말라며 매수인과 함께 나가 버렸다. 어처구니없다.

아마도 다른 공인중개사를 통해 다운 계약서로 다시 작성할지도 모를 일이다. 자존심 버리고 고객의 비위를 맞춰 줘야 하는데, 하는 일이라곤 어쩌면 이다지도 엉성하기만 할까.

설렘은 자꾸 멀리 가고

내가 버티고 있을 자리가 아닌 것 같기도 하다. 업종을 바꿔야 할지, 한번 고심해 볼 때가 되긴 됐나 보다. 거듭된 생각 끝에 지난해 취득한 행정사 자격증과 사주 명리 상담사 자격증을 곁들여 내가 설 자리 역할을 할 수 있을까 살펴보게 되었다.

공인중개사 사무소 간판 옆에 행정사 사무소 간판도, 작명원 간판도 달았다. 행정사 업무는 서비스 차원에서 무료로 하고, 작명원은 유료로 하되 인생 상담을 겸해서 실비로 해 봤다. 그러기를 또 1년, 흐르는 세월에 떠밀려가는 날들이 이어질 뿐이었다.

그도 저도 마음 둘 곳이 아닌 게 분명했다. 하는 일이 어디 내 맘

같을 리 있을까 마는, 마음 한편의 설렘은 자꾸 멀리 가고 일터라는 현실만 남아 있을 뿐이다

그저 내 지닌 별난 탓이려니 하면서도 문제가 아닐 수 없다. 더 볼 것 없이 정리해야 할 때가 왔나 보다. 공인중개사 사무소, 행정사 사무소 폐업 신고를 냈다. 작명원은 자진 폐업 처리를 했다. 공인중개사 사무실 개업을 한 지 10년의 세월이었다. 어느 것 하나 제대로 이뤄낸 일이 없음에도 세월은 그렇게 흘러만 가고 있었다.

노년의 광장에 진입하고

어찌 보면 그러한 일들이 노년이 되어가는 과정일지도 모를 일일 테지만 폐업 신고를 내며 어수선한 그런 와중에도 마음에 새겨둔 생각 하나가 있었다. 한동안 가물가물 잊고 지냈던 생각들이 꺼진 불씨 살아나듯 이 마음 일깨우고 있다.

젊은이들에게 무엇이 진정으로 품어야 할 소명인지를 말해 주고 싶었다. 꼭 들려줘야 할 얘기들, 놓칠 뻔한 그 가닥을 찾기 위해 책 쓰기에 들어서기로 했다. 책 쓰기 2년 몇 개월의 세월, 기획 출판 계약 후 책이 출간되었다.

나의 지난 삶이 어느 젊은이에겐 반면교사가 될 수도 있을 테고. 그렇게 몇 개월이 흘렀다. 그나저나 마음 한구석 허전할 때가 있

다. 왜 그럴까. 흐트러진 정신을 마음 챙김으로 가다듬고 또 가다듬었다. 또 메꾸어야 할 무엇이 분명 있어서일 텐데 아마 내 맘 깊이 잠재된 이루지 못한 욕망 때문일런가.

공인중개사 업무를 볼 때나 책 쓰기를 할 때나 마음 한구석 맴도는 게 있었다. 경제에 대해 정말 이 정도까지 문외한이었을까. 삶에서 정작 필요한 경제나 금융을 왜 이리도 등한시하며 살았든가. 그러니 항상 소득 없는 곳에서 노닐기만 했다는 얘기다.

그것을 때늦게 이제야 깨달다니. 신선놀음에 도낏자루 썩는 줄 모른다는 옛말이 있듯이 젊음을 그냥 흘려보냈다. 쾌락을 즐기며 덧없이 보낸 세월이다. 그러는 사이 언제쯤인가. 세월에 떠밀려 이렇게 노년의 광장에 진입했다.

둘러보니 막막하기 이를 데 없다. 그런데 젊었을 땐 그게 왜 안 보였을까. 분명한 것은 멀게만 느껴지는 미래도 어느 사이엔가는 오늘이 된다는 사실이거늘.

이것이 후회 없는 삶이다

이미 석양에 노을은 지는데. 공부 그걸 해야 하나. 마음을 접어야 하나. 고심은 된다. 그렇더라도 늦은 나이에도 불구하고 유명하게 된 화가라든가 기업가라든가 여러 방면에서 꿈을 이룬 사람들이 우리 주변에 많이 있지 않은가.

　나이 들어 몸이 불편한 사람도 꿈을 이루고 환희에 젖는 모습들을 보는 때도 있다. 그러나 나는 정년퇴임을 하고 17년이 흐르는 동안 뭘 이루어 놓은 일이 있나. 생각해 보면 하잖은 일에 덤벙대기만 했을 뿐이다. 뭔가 손에 남은 업적이 있어야 할 텐데 아쉽다.

　지나간 세월이야 그렇다손 치더라도 지금부터라도 의미 있는 일에 눈을 돌려야 될 문제다. 모든 것은 다 마음먹기 나름이다.

　누군가 해 냈다면 분명 나도 해 낼 수 있을 것이다. 내가 가지고 있는 지금의 좋은 시간 그냥 보낼 수는 없지 않은가. 몇 년 후, 그때 그 좋은 세월을 놓쳤다고 아쉬워한다면 될 일이 아니다.

　미적거리고 있는 경우 지금의 좋은 시간이 또 지나간 세월이 되고 만다. 그게 다름 아닌 후회스러운 삶이 된다는 사실, 이제는 내가 그 사실을 모르는 바 아니다. 그것도 확실하게 안다. 칠십몇 년을 살아오며 몸소 겪은 진리다. 좋은 세월, 바로 지금의 좋은 시간이 내가 가진 자산이 아니겠는가.

뭐든 못 할 일은 없다

생각했던 일, 지금 해 봐야 할 일이다. 나중에 후회하지 않는 삶을 위해서라도 그렇다. 돈 공부 그쪽 세상, 한번 살펴보기라도 하고 싶은 마음이다. 경제, 금융 공부의 개념이라든가 추진 방향이나 부자들의 생태 그러한 것들이 궁금하다.

나는 믿는다. 재간이 없다고 한들 그게 무슨 흠이랄 수 있을까. 노년의 꿈을 펼칠 수 있는 공간은, 내가 바라는 꿈의 양만큼 그만큼만 보이고 있을 따름이다. 한번 해 봐야지. 경제 공부를, 늦었지만 지금 아니면 언제 해 볼 수 있으려나. 생각들은 겹겹이 쌓여 연륜으로 다져지고 바라는 꿈은 연륜 따라 하나하나 펼쳐져 가고만 있다.

이제야 내 마음 제자리를 찾아가는가 보다. 후련한 마음 어디 비길 데 없다. 부족하면 부족한 대로 정신적 풍요로움도 생겨날 것만 같구나. '행복이란 먼 곳에 있는 게 아니라 자기 삶에 만족하는 것'이라는 말이 생각난다.

궂은 생각은 그냥 잊은 채 가게 되고 노년의 세월이야 문제랄 수 없다. 돈 공부를 해보겠다는 설렘. 아! 설렘을 맞이하려는 마음, 그렇다. 그 마음은 아직도 영락없는 중년의 마음이로구나. 내가 한번

해보겠다는 내 마음의 문제다. 누구라도 하면 된다. 뭐든 못 할 일
은 없다.

더 알아보기

연금만으로 살 만한가, 어떤가

    2007년부터 지금껏 공무원연금 수급자로 살아오고 있다. 다른 수입원은 없다. 2024년 기준, 월 3백3십몇만 원으로 살고 있다면 살 만하다고 느껴야 할까. 아니면 그걸로 어떻게 살 수 있냐고 해야 할까. 어찌 되었든 그렇게 살아오기를 17년째다.

    퇴직 후, 한때는 생활에 도움이 될까 하고 이것저것 해 본 게 있었다. 공인중개사 사무실이다. 하다가 안 되면 말고 식으로 덤볐으니 잘 될 리가 있나. 그렇게 10년을 허비했다. 작명과 인생 상담 1년, 그건 정말 벌이가 안되는 업종이다. 글쓰기로 책을 한 권 출간한다고 또 몇 해 보냈다. 결과적으로 생활비에 보탬이 된 것은 별로 없다.

    공무원연금만으로 살아보니 그 돈으로 되는가, 안되는가 보다는 그 생활 패턴에 익숙해져 가고 있었다. 아마 연금액이 많았더라도 그랬을 거고, 적으면 적은 대로 그랬을 것이다. 돈 액수와 관계없이 동화되어 가드라.

그렇게 어우러져 돌아가는 게 우리네 삶인가 보다. 가진 것만큼 찾고, 아는 것만큼 보고, 속이 편하니 마음은 더없이 평온하다. 아직은 아픈 데 없고, 대출받은 것 없고 큰돈 들 곳은 없다. 이럴 때 얼마라도 모아야 할 텐데. 쉽지 않다.

공무원연금 믿을 수 있는가

공무원연금 수령액도 직급과 기여금 납부 연수에 따라 차이가 크다. 언론 보도를 보면 2022년 현재 우리나라 공무원연금 평균 수령액은 월 268만 원이며 수급자 수는 63만 명이다.

공무원연금을 가장 많이 받는 상위 1만 명은 월평균 425만 원을 받는 것으로 나타났다.

또한 공무원연금 수령액 상위 1만 명은 매달 최소 394만 원을 받았다. 월 400만 원 이상 수령자는 8천5백여 명이었다.

이렇게 많이 받는 수급자는 거론할 여지가 없다. 그들은 고위 공직자들로서 몇10억 원 이상을 재산 신고했던 수급자들이다. 공무원연금 액수와 관계없이 생활이 가능한 사람들이라 할 수 있다. 여기서 착시 현상이 생길 수도 있다.

공무원연금이라고 하면 너무 많이 받는 게 아닌가 하고. 실제로는 그렇지 않다. 고위 공직자는 극히 일부일 뿐이다. 대다수가 월평균 수령액 268만 원을 약간 넘거나 그런 정도를 받거나, 그보다 더 적게 받는 수급자들이다.

공무원연금 2022년 기준 월평균 268만 원이라면 국내 가구당 평균소득에 훨씬 못 미치는 수치다.

그런데도 국민연금 얘기만 나오면 공무원연금도 연계해서 개혁해야 한다느니, 별로 달갑지 않은 소리다. 2015년에 5년간 공무원연금이 동결된 바 있었다. 이러한 것으로 볼 때 짐작해 볼 수 있는 일이 있다. 연금 정책이라는 것도 어떨 땐 일관성을 기대할 수 없는 형편이다.

현직에 있을 때 해야 할 일

노후 연금 보장에 한해서는 믿을 건 나 자신뿐이라는 것을 명심해야 한다. 오직 내 앞길은 내가 챙겨야 할 나의 일이다.

불확실성 시대에는 생각을 달리 해 볼 수도 있는 문제다. 그게 지극히 마음 편한 일이다. 현직에 있을 때라도 돈 공부와 더불어 경제에 눈을 떠야 한다. 공무원이든 일반 기업체이든 주어진 업무에만 너무 충실하게 임하는 것도 어떤 면에서 볼 때 결코 바람직한 일이 아닐 수도 있다.

퇴직 후의 설계를 현직에 있을 때부터 하는 게 좋다. 고위직이 아니라면 절대적 개념이다. 장차 연금 문제가 언제 어떻게 변수가 생길지 짐작조차 할 수 없는 오늘의 현실이다. 소득 없는 곳에 기웃거리다 보면 잠깐 사이에 70대로 들어선다.

퇴직 후 갑자기 직업을 구한다고 해서 되는 일이 아니다. 그렇다고 사업이나 창업은 별로다. 실패할 때 만회할 시간적 여유가 없다. 퇴직 후 세월 가기 전 맘껏 여기저기 다녀 봐야 한다고. 그거 다 지나 놓고 보면 부질없는 생각이다. 정말이다.

퇴직 후 60대는 인생 본 게임의 화룡점정 시기다. 인생의 희로애락을 몇 바퀴쯤 돌고 나면 자연스럽게 알게 되는 사실이다. 제2의 직업을 가지고 있으면서 틈틈이 즐길 수도 있는 문제 아니겠는가. 70대 들어서도 몸과 마음은 60대나 다를 바 없다.

단지 나이 숫자만 늘어난 게 아닌가 하는 느낌이 강하게 든다.

얼마든지 꿈을 이룰 수 있는 나이다. 그 후 여유롭게 즐기는 것이 참된 삶이라 할 수 있다. 그래도 부족함을 느끼게 되거나, 예상치 못한 돈 들어갈 일이 생길 수도 있다.

그래도 부족하다고 느껴진다면

연금 월평균 수령액도 못 받는 어려운 수급자도 있다. 퇴직 후 벌이도 시원찮고, 다른 방법이 없다면, 그땐 형편과 경우에 따라 주택연금을 검토해 볼 수도 있는 문제다. 물론 가족과는 서로 상의를 해야 할 사항이다.

요즘은 주택연금 가입자 수가 계속 늘어나고 있다고 한다. 선진국의 경우처럼 그게 당연한 것으로 정착돼 가는 과정일지도 모른다.

가입할 수 있는 집값의 대상이 2023년 10월에 상향 조정된 바 있다. 과거 공시가격 9억 원 이하에서 12억 원 이하로 되었다. 주택연금 월 지급금을 산정할 때는 공시가격이 아니라 거래가격을 기준으로 한다.

예로 보자면 72세인 사람이 시세 4억 원인 집으로 가입했을 경우, 2023년 10월 기준으로 월 지급액은 196만 원이 된다.

뜬금없이 주택연금을 얘기하는 주된 핵심은 현직에 있을 때 일찍 경제에 눈을 뜨라는 차원에서다. 주택연금까지 생각해 볼 것 없이, 현직의 테두리에서 좀 더 시야를 넓혀 보라는 의미다. 그래야 풍요로운 노후 생활과 통 큰 삶이 보장된다.

통계청이 발표하는 기대 수명은 계속 늘어나는 추세다. 정년퇴임 후 삼십몇 년의 세월을 더 즐길 수 있다. 나 자신이 지금 무엇을 해야 할지 한 번 더 고민해 봐야 할 때다. 거듭되는 얘기지만, 연금 이외의 수입원을 현직에 있을 때 미리 준비해야 한다.

뭐든 준비된 자만이 모든 면에서 맘껏 누릴 수 있다는 사실, 불변의 진리다. 그리하여 부드럽고 즐거운 노후가 되기를 바라는 마음이다.

제3장

손쉽게 만나는
첫 경제 수업

1

어떻게 공부할 것인가

　이제 구체적인 경제, 금융 공부를 한번 생각해 보기로 하자. 경제 공부는 머리로 하는 게 아니라 마음으로 하는 것이다. 학교에서 교과목처럼 일정한 틀이 있는 것도 아니다. 오직 내가 해보겠다는 다짐으로부터 시작된다.

　관중도 없고 룰도 없는 경기장에 들어섰다. 끊임없이 내 마음을 다잡아가며 자신을 스스로 채근질해야 한다. 시작해 보면 의외로 흥미를 느끼게 될 수도 있다. 제1장에서 '경제와 금융 이것만은 알고 가자'에 대해 충분히 인식하였을 것이고, 제2장에서 '돈 공부에도 기초가 필요하다'는 것을 어느 정도 이해됐을 것이라는 생각이다. 제1장과 제2장을 거쳐오는 동안 경제 공부하고 싶은 마음으로 가득하다면 이미 절반의 성공을 거둔 것이라 믿어도 될 것이다. 바로 마음가짐의 문제이기 때문이다.

현실 파악과 목표 설정

일단 경기장에 들어선 이상, 경기장의 현실을 파악하는 것이 중요하다. 내가 지금 서 있는 자리, 나는 어디에 있고, 어디쯤 가고 있을까. 지금의 자신과 주변을 정확히 파악하는 것이다. 나와 내 주변의 모든 게 그 대상이다.

그런 것들을 모른 채 공부의 장으로 들어서면 혼란스러워질 수 있다. 비단 이것은 경제 공부뿐만 아니라 내 인생의 재설계에서도 필요한 사항이다. 현실을 잘 파악하고 챙겨 두었다가 언젠가 인생을 재설계해야 할 때 유용하게 활용할 수도 있다. 현실이 어떠한지 정확히 정리되었다면 그에 따라 계획을 세우면 된다.

제3장의 '학습 계획표 작성 요령과 고려할 사항'을 검토하여 활용하면 크게 도움이 될 수 있다. 돈과 관련된 어떤 계획이라도 좋다. 그러한 계획에서 우선순위가 정해지고 실천 목표가 나온다. 경제 공부 제대로 한번 해 봐서 결혼 전 1억 원을 모으겠다는 목표도 있을 수 있고. 실현할 수 있는 것으로 정리해서 기록하면 좋다.

제1장의 '세대별 수업에 임하는 자세와 혁신적 각오'를 참작하면 더욱 알찬 방안이 될 수 있다. 그러면 내가 이루고자 하는 목표가 되는 것이다.

경기장과 전투 태세 갖추기

현실 파악이 되었다면 경기장에서 싸울 도구들을 준비해야 한다. 나에게 적합한 도구들이어야 한다. 맞지 않는 도구로 맞서 싸우게 되면 힘에 부칠 뿐만 아니라 경기가 끝나기도 전에 지치고 만다. 준비할 도구 중에 돈과 경제에 관한 책은 무수히 많다.

한두 권으로는 적합성을 가늠하기 어려울 수도 있다. 책을 여러 권 갖추고 정리해 보면 나에게 맞는 책을 선정할 수 있다. 그러다 보면 자연스럽게 구체적이고 현실적인 추진 방안이 보이게 된다. 그래서 전문성을 갖춘 분야의 책으로 선정해야 한다.

책을 볼 때는 많이 읽는 것도 중요하지만 그 보다 깊이 있게 읽기를 권한다. 즉 내가 필요한 부분은 체크도 하며 이곳저곳 메모도 하고 완전히 내 것으로 활용해야 한다.

아무쪼록 마음을 단단히 가져 보는 거다. 부자들이 큰돈을 벌기까지는 눈물겹도록 지독한 실천이 있었기에 가능했다. 빈틈없는 추진력이 경제 공부의 핵심임을 알아야 한다. 계획을 세운 후 제대로 한번 지독하게 해보면 되는 일이다.

지독하게 하는 놈은 못 이긴다

　경제 공부를 하다 보면 진척이 없을 때도 있을 수 있다. 그럴 땐 잠시 재충전하여 맞서되, 한번 해보겠다는 독한 마음은 더욱 강화해야 할 일이다.

　『이토록 공부가 재미있어지는 순간』의 저자 박성혁 작가가 말하기를 "막다른 벽을 만나면 도망가지 마라. 과감하게 싸우겠노라 결단하라. 지독하게 하는 놈은 아무도 못 이긴다."라고 했다.

　그는 중학교 시절을 빈둥빈둥 놀며 보낸 탓에 대학에나 가겠느냐며 걱정시킬 정도였다고 한다. 그러나 마음을 단련하면 아무런 문제가 되지 않음을 확고히 믿었다.

　오직 지독하게 공부만 했다고 한다. 그 후 자신의 그 믿음을 몸소 실현하여 서울대 법대, 연세대 경영대, 동신대 한의대에 동시 합격통지서를 받았다고 했다. 그렇다. 지독하게 하는 사람을 이길 수는 없다. 돈 공부 역시 박성혁 작가처럼 그렇게 지독하게 한번 해보면 되는 일이다.

　때로는 제1장의 '직접 경험한 공부가 쉬워지는 습관'을 참작하면 경제 공부가 한결 부드러워질 수 있다.

2

학습 계획표 작성 요령과 고려할 사항

우리는 모두 막연하게나마 어떤 생각이나 무엇을 해보겠다는 뜻을 가지고 산다. 그 생각이나 뜻이 바로 목표가 될 수 있다. 그것을 구체적으로 전개하면 계획이 되는 것이고, 그렇게 해보겠다는 인식 자체가 실행 방안이 되는 것이다.

그런데 목표 설정, 계획수립, 실천 방안, 이렇게 학술적 용어로 나오면 그만 싫증을 느낀다. 왜 그럴까. 격식을 갖추고 틀에 매이면 중압감을 느끼기 때문이다. 이론과 규정은 성질상 딱딱할 수밖에 없다. 그렇다면 굳이 격식을 갖출 게 아니라 내 방식대로 하면 될 일이다.

내가 바라는 계획표는 어디 제출하는 것도 아니다. 규격화할 것도 아니다. 신기록을 세워 보겠다는 거창한 것은 더더욱 아니다. 어떻게 살아도 나 자신만을 위한 나의 생활이다.

그러니까 계획표는 어디까지나 자기 주도적이면 되는 것이기 때문이다. 그래서 우선 경제 공부 계획표는 까다롭고 어렵다는 선입견에서 벗어나는 게 중요하다.

내가 원하는 것은 무엇인가

미국의 사업가 H. L 린트가 말하기를 "먼저 당신이 원하는 바를 결정하라. 그리고 그것을 이루기 위해 당신이 기꺼이 바꿀 수 있는 것이 무엇인지 결정하라. 그다음에는 우선순위를 정하고 곧바로 그 일에 착수하라."고 했다.

그래서 무엇을 원하는지를 우선 생각해 볼 수 있는 문제다. 경제 공부를 언제 해보겠다느니 또는 어떻게 하겠다든지 그러한 구상이 필요한 것이다. 여기에 생각을 구체화하여 어떠한 것을 먼저 해보겠다는 둥 우선순위를 정할 수 있게 된다.

그리하여 돈에 대한 나의 관념과 공부에 대한 의지에 한발 다가서면 되는 일이다. 누구에게나 지닌 잠재력은 원천적인 힘이 될 수 있다. 다만 그것을 이용하지 못함에 문제가 있는 것이다. 이제 생각했던 것들을 내 목표 설정에 연결하면 된다. 그렇게 하여 무엇으로 할 것인지를 검토하는 과정이 바로 연결하는 포인트가 된다.

경제 공부 계획표의 활용

내가 생각했던 것들을 모으면 그게 계획표라 할 수 있다. 그것을 좀 더 체계화하면 실행 방안으로 모양새를 갖추게 된다. 내가 처한 그대로를 좀 더 구체화하여 전진해 보자는데 뜻이 있음을 인식하면 된다.

그렇듯이 어렵다는 생각은 기우에 지나칠 뿐이다. 다만 한 가지 분명한 것은 계획표가 없으면 돈을 모으기보다 낭비하기 쉽다는 사실이다. 경제 공부가 흐지부지될 승산이 있다. 그러나 구체적인 계획표가 있다면 어디가 옳고 그른지 확실히 보인다.

그래서 경제 공부에 대한 계획표가 필요한 것이다. 어떤 격식이나 규격화할 것 없이 내 방식대로 계획을 수립하면 된다. 계획표 작성 후는 언제나 볼 수 있는 곳에 붙여 놓고 항상 느끼면 더욱 효과적일 수 있다. 그래야 실현 가능성이 훨씬 더 커지기 때문이다. 제4장의 '원하는 일을 지속하는 힘'을 참고하여 활용하면 더 큰 성과를 볼 수 있다.

계획표 작성으로 성공한 사례

목표와 계획이 있는가 없는가에 따라 돈을 벌고 못 벌고의 차이가 있을 수 있다. 꿈을 이룬 사람들은 모두 철저한 계획으로 성공한 사람들이다.

미국의 정치가 벤저민 프랭클린의 경우를 보면 계획표 작성의 중요성을 느낄 수 있다. 그의 크나큰 장점은 계획표 작성과 남다른 실천력이다. 그는 힘든 노동을 하는 한편, 실천해야 할 목표를 정하고 그에 따른 구체적인 계획표를 작성했다.

계획표를 매일같이 체크해 가며 실천해 왔다는 일화로도 유명하다. 그러한 그도 어린 시절 변변한 교육도 받지 못했고, 젊은 나이에 무일푼으로 집을 나와, 인쇄소에서 견습공으로 일했다. 계획을 세우고 성실히 이행하는 가운데 주변의 인정을 받기에 이르게 된 것이다.

오직 계획과 실천을 무기로 삶의 모든 영역에서 완벽한 성취를 이룬 자수성가형 인물이다. 그리하여 사람들은 100달러 지폐 속 인물로 오늘날까지 존경해 오고 있다. 구체적인 계획표를 만들어 추진한다면 성공한 인물의 반열에 오를 수 있음을 보여 주는 대목이다.

이루고자 하는 계획표가 작성되었다면 끝까지 한번 해 보겠다는 마음가짐이 중요하다. 세상에 쉽고 만만한 것은 없다. 꼭 이루고야 말겠다는 일념만이 경제 공부의 성공을 보장해 주게 된다.

$$\underline{3}$$

돈의 흐름을 읽고 금융 이해력을 높이는 길

올해는 건강 검진을 받는 해라고 건강보험공단으로부터 통지가 왔다. 건강 검진 결과 전체적으로 이상이 없으나 총콜레스테롤 수치가 기준치보다 약간 높게 나왔다. 좋은 콜레스테롤과 나쁜 콜레스테롤은 정상이라고 했다. 건강 검진받으면서 추가로 신청한 대장 내시경 검사에서는 용종 하나를 제거했다. 그냥 두면 암으로 발전할 수도 있다고 한다.

이렇듯 건강을 위하여 정기적으로 검진받아야 하듯, 돈의 흐름과 금융 이해력을 높이기 위해서도 마찬가지다. 주기적인 재무관리와 점검이 필요하다. 건강 검진은 의료기관에서 체크를 해준다지만 재무관리와 점검은 본인이 해야 할 본인의 일이다.

재무관리와 점검을 위해 활용되는 것이 현금 흐름표와 재무 상태표라 할 수 있다. 현금흐름표란 몇 개월이든 기간을 정하여 그 기간에 현금이 들어오고 나가는 것을 나타내는 표를 말한다. 현금흐름표라고 하면 거창한 것 같지만 그렇지 않다.

가계부를 연상하면 된다. 현금흐름표를 들여다보면 돈의 흐름을 정확히 볼 수 있다. 이는 자산 관리의 초석과도 같은 역할을 한다.

표를 작성할 때 지출에는 고정 지출과 변동 지출로 구분할 수 있다. 변동 지출은 의류비라든가 식비, 교통 통신비 등 어느 정도 통제가 가능하다. 들어오는 돈에서 고정 지출과 변동 지출을 제하고 남는 금액으로는 저축이라든가 투자할 수 있게 된다. 저축과 투자할 여력이 생긴다면 건강한 재무 상태라고 보면 된다.

현금 흐름표를 분석해 보면 소득에 맞게 생활하고 있는지, 낭비성 지출은 없는지, 저축을 제대로 하고 있는지 등을 파악할 수 있다. 이런 과정을 통해서 금융 이해력을 높이고 경제적인 생활을 꾸려갈 수 있다.

재무 상태 분석과 재무 설계 작성

현금 흐름표 작성 다음에는 재무 상태표를 만들어 진단해 볼 수 있다. 재무적으로 건강한지, 어떤지 살펴보고, 문제가 있으면 어떤 대처가 필요한지를 알아보기 위한 것이다.

재무 상태표란 어느 기간 동안 개인의 재무 상황을 나타낸 표를 말한다. 그 내용은 자산과 부채와 순자산으로 구분한다. 본인의 총자산에서 총부채를 빼면 순자산이 된다. 자산의 종류는 현금성 자산과 투자 자산 그리고 사용 자산으로 나눌 수 있다.

표를 작성할 때 현금성 자산에는 단기성 예금과 현금을 기입하고, 투자 자산에는 만기 6개월 이상의 예금과 금융 자산을 적는다. 부채란에는 단기 부채와 6개월 이상의 중기와 장기 부채를 나누어 기재한다.

그러한 분석이 끝나면 재무 설계를 하는 것이다. 내가 바라는 재무 목표를 달성하기 위해서는 계획을 작성하고 실행하는 과정을 거쳐야 한다. 우리가 어디 여행을 가야 할 일이 있다면 구체적으로 무엇을 챙기고 어떻게 해야 할 것인가를 살펴보는 것과 같은 맥락으로 보면 된다.

인생 전반에 걸친 재무 목표를 정하고 자신의 재무 상황에 맞는 체계적이고 실용적인 설계를 하면 된다. 어떤 일정한 서식이 있는 것도 아니다. 현금 흐름표와 재무 상태표를 근거로 해서 작성하면 된다. 그러면 나만의 성공적인 삶을 위한 준비가 될 수 있다. 이와 같은 재무 설계는 사회에 첫발을 내딛는 순간부터 시작해야 편안

하고 즐거운 인생 여정을 항해할 수 있다.

돈의 흐름과 금융기관의 역할

금융이란 금전의 융통, 곧 돈이 오고 가는 돈의 흐름이라고 말할 수 있다. 일상적으로 금융은 금융 거래를 가리키며 이는 금전을 빌려주거나 빌려 쓰는 거래를 말한다. 금융 거래를 통해 돈은 자금의 여유가 있는 자로부터 자금이 있어야 하는 자에게로 이동하며 이는 경제의 원활한 흐름을 촉진하는 구실을 한다.

이것이 구체적으로 나타난 형태가 금융기관이라 할 수 있다. 우리가 사업상 돈이 필요할 때 대출 금리는 8%이고 순수익이 확정적으로 10%가 예상되면 2%의 이익을 거둘 수 있게 된다. 분석 결과 투자 대비 이익이 발생한다면 대출을 받을 수도 있다.

결과적으로 부채를 얻을 것인가 말 것인가는 기대 수익과 리스크를 감안하여 결정할 수 있는 선택의 문제다. 금융기관이 장사치 개념으로 높은 대출 이자를 받는다고 나쁘게 볼 것만은 아니다. 내가 활용하기 나름이다.

신용 등급과 채무 변제 의무

대출받을 때 신용 등급이라는 게 있다. 통상적으로 대출받은 후

원금과 이자를 못 갚게 되면 신용 등급이 내려간다. 일정 횟수까지는 무료 열람이 가능하다.

금융기관에서 대출받은 후 갚지 못하면 가족 친지에게 추심을 할 수는 없다. 가족 친지가 채무 변제의 의무를 지지 않는다는 뜻이다. 다만 채무자가 사망한 경우는 가족이나 친지에게 상속될 수 있다. 이때 갚고 싶지 않다면 상속을 포기하면 되는 일이다.

이렇듯 금융에는 금리라든가 신용이 유기적인 관계에 있다. 요즘처럼 금리가 낮거나 물가가 급격히 상승할 때는 오히려 저축보다는 투자가 더 도움이 될 수도 있다. 저축을 통해 얻는 이자와 물가상승으로 인한 가치를 비교 검토할 필요가 있다.

이처럼 보다 나은 내일을 위해 주기적인 재무관리와 점검이 요구되는 사항이다. 그리하여 우리는 돈의 흐름을 읽고 금융을 이해하여야 한다. 그러자면 금융 이해력을 높이기 위한 학습을 게을리하지 않아야 한다.

<u>4</u>

돈 버는 사람은 어떤 사람들인가

경제가 좋아졌다고 할 때나 어렵다고 할 때나 내 통장 잔고에는 변함이 없었다. 정부에서 경기 부양을 위해 자금을 많이 풀었다고 할 때도 역시 그렇다. 지금껏 경기 변동에 대해 깊은 이해 없이 보낸 세월이었다.

그러나 부를 쌓아야 할 젊은이들이라면 그런 정신으로는 곤란하다. 경기 흐름에 민감하게 대응하여야 한다. 돈이 어느 쪽으로 몰려다니는가에 안테나를 곤두세워야 할 일이다. 경제 관련 언론을 접하다 보면 본인의 의지와 관계없이 경기 흐름에 따라 큰 영향을 받게 되는 경우를 보게 된다. 그래서 경기 흐름이나 변동 사항을 눈여겨볼 필요가 있다.

그에 발맞춰 부를 쌓는 데 활용할 수 있는 역량도 키워야 한다. 큰돈을 번 사람들일수록 경기 흐름에 편승하여 부를 이뤄 왔다는 사실을 알아야 한다.

경기 흐름의 일례

2013년 12월 하순 경제 소식의 일례다. 같은 날 같은 언론에서도 상반된 소식이 전해지고 있다. 한쪽에선 고금리 등 불황의 여파로 기업 파산이 사상 최대라고 했다. 또 다른 한편에선 작년 7월 이후 최대폭 수출 증가로 호황기를 맞이했다고 한다.

어떻게 반대되는 현상이 동시에 나타날까. 언뜻 보면 이해하기 힘든 부분이다. 그런데 자세히 들여다보면 그럴 수도 있겠구나 하는 생각이 들기도 한다. 그게 다 경기 흐름과 관련이 있는 사항이다. 파산 신청을 한 경우를 보면 경기 침체, 고금리, 인플레이션 등의 어려움에 기업의 위기가 본격화됐다는 우려가 나온다. 구조조정 등 회생 시도마저 포기하고 문을 닫는 회사가 빠르게 늘고 있다는 의미다.

그와 반대되는 현상을 한번 보자. 호황이라는 수출을 보면 지난달 수출이 500억 달러를 넘게 기록했다. 반도체와 자동차는 수출 호조세를 이어가며, 특히 유망품목인 전기차 수출은 전년 대비 70% 가까이 증가했다. 이렇게 진행된 결과를 놓고 볼 때 누가 돈을 벌게 되고 누가 어렵게 됐는지 가늠이 가는 일이다.

경제는 냉혹한 면이 있다

수출업체는 사상 최대치의 매출 이익을 취하는데 한쪽에선 문을 닫는 회사도 있다. 대기업은 호황이라지만 우리네 주머니 사정은 가볍기만 하다. 일자리는 한정돼 있고 벌이는 시원찮다. 왜 그럴까. 경제의 양면성 문제로 짚어 볼 필요가 있다.

아무리 번듯한 경제 정책이라 하더라도 한쪽이 좋으면 어느 한쪽에선 나쁜 쪽도 있게 마련이다. 그런 일들은 주변 곳곳에서 볼 수 있는 일들이다. 예를 보면 집값이 뛰면 부동산 부자들은 좋아질 일이지만 무주택 서민들은 어려운 일이 된다.

우리 경제의 살길이라는 자유무역협정, 즉 FTA로 재벌 대기업은 수출이 잘되겠지만 농업에는 큰 타격으로 돌아오게 된다.

이렇듯 돈을 번 쪽은 경제의 양면성을 최대한 이용하여 내 몫을 챙긴 부류다. 누구를 탓하고 한가하게 타령만 하고 있을 것인가. 그러거나 말거나 경제는 항상 그렇게 돌아갔다. 경제는 이처럼 냉혹한 면이 있다.

이럴 땐 셈법이 빠른 사람이 돈을 벌고 이기게 돼 있다. 그래서 뭐라 하든 냉정한 분석이 먼저다. 내가 경제의 흐름을 이해하고 가정 경제에 활용할 줄 아는 혜안이 필요하다. 경제 공부만이 그를 뒷받침하게 된다는 사실이다.

현실에 안주하게 된다면

파산의 경우 해당 기업으로서는 참으로 안타까운 일이다. 그러나 결과에는 다 원인이 있다. 한때 잘 나가던 대기업이 파산한 대표적인 경우가 코닥이다. 코닥의 역사는 100년이 넘는 미국의 기업이다.

잘 나갈 때는 필름을 코닥이라고 부를 정도로 필름의 대명사가 되었던 때도 있었다. 과거 현지 확인 출장을 갈 때면 꼭 챙기는 게 카메라와 코닥 필름이었다. 디지털카메라 시대가 다가오자 선두 주자였던 코닥은 후발 주자가 되었고, 결국 파산 보호 신청을 했다고 한다.

또 다른 기업을 보면 핀란드의 노키아가 있다. 노키아 역시 한때는 전 세계 휴대폰 시장을 주름잡던 시절이 있었다. 그러나 기존 피처폰을 고수하는 동안 삼성이나 애플 등에 밀려나게 된다. 시대의 흐름을 읽지 못하고 뒤처진 결과다.

여기서 기업의 흥망성쇠를 보자는 게 아니다. 아무리 큰 거목이라 할지라도 현실에 안주하게 된다면 어느 도끼에 쓰러질지 모른다는 점이다. 지금의 생활에 만족하고 어물어물하다 보면 너 나 할 것 없이 그렇게 될 수도 있다.

더 큰 뜻을 품고 도전하기를 바라는 마음이다. 그러자면 안주하기 보다는 서둘러야 할 일이다. 몇 년 후 성공한 나 자신을 기약해 보자. 시대의 흐름을 읽고 어떻게 대처하느냐의 결정 여부에 달려 있다.

경기 변동과 원 달러 환율의 관계

그날 또 다른 언론 보도를 보면 원 · 달러 환율이 가파른 하락세를 보여 경제에 타격이 예상된다고 했다. 이 또한 언뜻 보면 이해하기 힘든 부분이다. 한번 들여다봐야 할 일이다. 환율이란 어떤 나라의 통화를 우리나라의 통화로 바꿀 때 통용되는 교환 비율이다.

원 · 달러 환율은 미국 돈과 한국 돈을 바꿀 때 얼마로 바꿀 수 있는지를 뜻한다. 만약 1달러에 1,200원 하던 것이 1,300원이 되었다면 1달러로 바꿀 수 있는 원화가 그만큼 늘어난다는 뜻이다. 달러 가치는 오르고 원화 가치는 떨어지게 된 경우다.

그럴 때 수출하면 1달러당 100원을 더 벌 수 있다. 그러면 해외

시장에 가격 경쟁력이 좋아진다.

이렇게 환율의 과정을 볼 때 원·달러 환율이 오르고 내릴 때 누가 이득을 보고 손해를 보는지 역시 가늠이 된다.

과거 한때는 1달러에 1,200원이 되지 않았을 때도 있었다. 그러던 것이 요즘은 1,300원대를 오르내리는 상태다. 그 과정에서 수출 대기업들은 환율이 올라 수출이 늘어나면 그만큼 이득을 보게 된다. 그러나 수입업자나 유학생은 더 부담을 안게 되고 만다.

가정 경제에 활용하는 능력

원 달러 환율 변동이 가정 경제에는 어떤 득실이 있을까. 국내에서 생산되는 공산품의 원자재는 대부분 수입 품목이 많다. 그래서 환율이 오르면 대다수 가정 경제는 부담이 되는 경우가 된다. 환율이 오르면 수입 물가가 오르게 되고 수입 원자재 가격이 오르게 된다.

그러면 생산자 물가도 오르고 아울러 소비자 물가에도 전가된다. 서민층은 작은 파도에도 큰 충격으로 받아들여진다.

여기서 우리가 느껴야 할 사항은 경제의 냉혹성이다. 그러한 현실을 나의 가정 경제에 활용할 수 있는 이해력이 있어야 한다. 경제의 흐름을 잘 이해하고 역경을 기회로 만드는 것은 본인이 터득해야 할 본인의 몫이다.

돈을 많이 번 사람들 다 그렇게 했다. 오직 돈에만 안테나를 세우고 경제의 냉혹성과 양면성을 최대한 활용한 결과다. 경제의 양면성을 이해하고 나에게 적용하려면 돈 공부가 전제되어야 한다.

지식과 배움은 성공을 위한 발판이자 밑거름이다. 끊임없는 경제 공부로 대처하는 것만이 부를 안겨준다는 사실, 그것은 어쩔 수 없는 현실이다.

<u>5</u>

돈 벌고 잘 살기 위해 염두에 둬야 할 일들

부동산 사무실을 운영할 때 가끔 들르는 고객이 있었다. 일정한 직업 없이 그저 근처 부동산 사무실에서 이것저것 살피는 게 일과였다. 장인 명의로 된 아파트와 주택 두어 채를 가지고 있었다. 그것을 사고팔기를 몇 번 하여 약간의 재미를 본 모양이다. 어디 싸게 나온 매물이 없나 하고 우리 부동산 사무실에도 들르는 편이다.

어느 날 우리 사무실에 들러 걱정스러운 표정으로 묻는 게 있었다. 생활 정보지에 단독주택 급매 광고를 낸 적 있다고 한다. 그걸 보고 누가 사겠다는 전화가 왔다고 했다. 회사에서 직원 관사로 이용하겠다는 거다.

이른 시일 안에 주택 매매 계약하자며 우선 주택 감정 평가비 얼마가 필요하다고 했다. 그래서 계좌 입금했단다. 거래할 때 그렇게 감정 평가비가 필요하냐고 궁금해서 우리 사무실에 들렀다고 한다. 그건 보나 마나 보이스 피싱이다. 직거래하려다 낭패를 보게 된 경우다.

어설픈 실력을 믿고 중개 수수료 아끼려다 당한 꼴이 됐다. 그 후 수입 없이 빈둥거리다 보니 가정불화도 잦고 보기에 측은할 정도였다. 그 모두가 본인이 자초한 결과라고 볼 수 있다. 뭐든 기본이 되어 있지 않으면 무너지고 만다.

집을 팔고 사면서 몇 푼 이득을 본 환상에만 젖어 있다면 발전이 없다. 기본에 충실해야 한다. 기본을 갖추기 위해 다음 몇 가지를 염두에 둬야 할 일이다.

첫째, 모든 문제는 나에게 있다는 사실을 자각하라.

어떤 문제든 그 원인은 나에게 있다. 허다한 돈벌이 중에 집을 팔고 사는 일에 들어선 것도 그렇고, 그게 다 본인의 탓이다. 그런데 그 당시는 그런 생활에 묻혀 지내느라 모를 수 있다는 게 더욱 심각한 문제다.

부자가 되는 길을 걷고자 한다면 일찍 깨우치고 느껴야 한다. 게으른 것도 본인의 책임이고, 돈을 모으지 못한 것도 본인에게 문제가 있는 일이다.

그들이 놀 때 놀지 말고 그들이 쓸 때 덜 쓴다든가 본인이 느껴야 할 사항이다. 그렇게 해서 목돈을 움켜쥐고 기회를 포착하는 일 역시 그렇다. 가진 것도 없고 능력도 안 되는 형편이라면 해결책은 단 하나다. 내가 변해야 한다.

나 자신을 되새겨 보고 잘못된 점이 있다면 고쳐서 다시 하면 된다. 뭐가 뭔지도 모르고 허송세월 보내는 그게 문제라면 문제다. 남들처럼 놀 때 다 챙겨 놀겠다면 부자가 되겠다는 생각은 아예 접어 두는 게 좋다.

둘째, 학습 능력을 키워라.

경제 흐름을 모르고 뭘 할 수 있을까. 위의 사례에서 보듯 일시적으로 약간의 이득을 볼 수는 있다. 그러나 오래 가지 못한다. 실력이 없으니 휴대폰이나 컴퓨터에 의존하게 되고 만다. 그것이 양질의 정보인지 그릇된 정보인지 걸러지지 않은 상태에서 혼란을 일으키게 된다. 그 많은 정보를 나에게 의미 있는 것으로 걸러낼 수 있는 역량이 필요하다.

역량을 키울 때, 내 지식과 연결할 수 있는 지혜가 생기게 된다. 정보가 난무하는 현실에서 학습 능력이 부족하면 피해를 고스란히 안게 되고 만다. 그래서 공부를 제대로 하고 맞서야 나를 지킬 수 있게 된다. 악착같은 마음으로 배우고 실천하는 자세가 필요하다.

셋째, 경제 흐름을 이해하려고 노력하라.

돈을 벌겠다면 경제 흐름을 이해하는 것은 절대적이다. 투자의 수익성은 낮고 리스크는 커진 시대에는 달리 방법이 없다. 거시 경제의 흐름을 이해하는 방안을 강구해야 한다. 그렇지 않으면 이미 번 것도 지키기 어려울 수 있다.

내 삶을 부드럽게 하는 요소는 여러 가지가 있겠지만 경제나 금융을 모르고서는 기대하기 어렵다. 경제의 흐름이 바로 내 일상과 관련하여 이익이나 손실을 끼치게 된다. 그래서 경제의 흐름을 알고 대비한다는 것은 나를 지키는 힘이라 할 수 있다.

꾸준한 노력으로 튼튼한 기본기를 갖추고 나를 지켜야 한다. 꾸준하지 못하면 결국 얕은 지식만 남게 되고 자산 관리와 투자에도 실패를 불러올 수 있다.

6

종잣돈을 모으는 손쉬운 방법

종잣돈을 모으는 것은 거창한 데 있지 않다. 그것은 버는 것보다 적게 쓰는 데서부터 시작된다. 젊은 시절, 그저 기분에 따라 세월을 보낸 적 있을 거다. 잠시라도 조용히 있으면 조급증이 난다. 그러나 명심해야 할 게 있다. 악착같이 돈을 모아야 할 때가 바로 젊은 시절이라는 것을.

젊은 시절 1억 원을 모으면 중장년에 5억 원이 될 수도, 10억 원 이상으로 불어날 수도 있다. 기분 내키는 대로 청춘을 보낸 사람들을 한번 보자. 사진첩을 채울 일이나, 보잘것없는 추억거리나 남아 있을 뿐이다. 그거 어디 쓸 데라곤 없다.

젊은 시기에 돈을 모으지 못하면 평생 부자 되기는 어렵다. 젊었을 때 1억 원을 모으는 것과 중장년에 1억 원을 모으는 것에는 많은 차이가 있다. 중장년으로 가면 갈수록 돈 쓸 일이 생각 외로 많아진다. 번 돈보다 더 많이 쓰기가 너무 쉬운 사회 분위기다.

교육비나 주택 관련한 비용처럼 반드시 발생하는 비용은 말할 것도 없고, 해외여행이나 명품처럼 필요하지 않은 소비지출의 유혹이 곳곳에 널려 있다. 그래도 젊은 청춘인데, 헛되이 보낼 수 있냐고 반문의 여지가 있을 수 있겠지만 그 또한 생각의 차이다.

젊음이야 그 자체로 축복이다. 굳이 돈을 들이지 않고도 즐김을 가질 수 있는 게 무한정으로 있을 게 아닌가.

내가 특별한 재주가 있는 게 아니라면 최대한 절약하고 덮어놓고 모아라. 그러면 남보다 먼저 쌓이게 될 것이다. 그렇게 쌓인 돈이 종잣돈이 된다. 그 시절을 지혜롭게 넘긴 사람들이 지금 부자 대열에 있는 것이다. 그게 바로 제대로 즐기는 일이 될 수 있다.

성공한 자수성가형 기업인

어렵게 어린 시절을 보냈으나 크게 돈을 모아 성공한 기업가 중에 부영그룹의 이중근 회장이 있다. 그는 임대 주택 사업으로 성공한 자수성가형 기업인이다. 지금은 통 큰 기부를 하는 기업인으로 인식되기도 한다.

언론 보도에 의하면 개인적으로 많은 돈을 기부했다고 한다. 고향 마을 주민 280여 명에게 1인당 2,600만 원부터 많게는 1억 원까지 개인 통장으로 입금했다.

그리고 초등학교 동창생과 중학교 동창생에게 현금 1억 원, 고등학교 동창생은 5천만 원씩 나눠줬다는 것이다. 요즘은 직원 자녀에게 출산 장려금으로 1억 원을 준다고 해서 다른 기업 직원들에게 부러움을 사게 되었다고 한다.

여기서 핵심은 기부했다는 데 의미를 두자는 게 아니다. 그는 가난을 물리치고 성공했다. 부자로 이끄는 열쇠는 나 자신에게 있다는 것을 강조하고 싶은 것이다. 내 의지가 강하다면 성공할 수 있다는 본보기를 얘기하자는 데 있다.

누구든 가능한 일이다. 버는 것 보다 적게 쓰는 생활 습관에 달린 문제다. 사람들은 버는 것 보다 적게 쓰는 것이 종잣돈 마련의 기본임을 너무 가볍게 여기고 있는 것 같다. 문제는 얼마나 잘 버느냐가 아니라 얼마나 아끼고 준비하느냐에 달려 있음을 깊이 인식할 필요가 있다.

7

경제 공부는 어떻게 삶의 무기가 되는가

아침 산책길에 나섰다. 잘 다니던 길이 아닌 언덕길 쪽을 한번가 보고 싶은 마음이 있었다. 그래서 그곳에서 어렵게 싹을 틔운 풀을 보게 되었다. 언덕길 옆 도랑에 흙이 씻겨 내리는 걸 방지하느라 콘크리트 포장을 한 곳이 있었다.

콘크리트 포장 사이에 조그만 틈이 하나 생겼고, 그 사이를 비집고 나온 풀이다. 그 옆으로는 벌판이고 아래쪽은 비포장 소로길이다. 좋은 곳 다 두고 하필이면 그 틈바구니에 터를 잡았을까. 본의 아니게 그렇게 되었겠지만, 어찌 되었든 운명도 기구하다.

며칠 뒤, 제대로 자라기나 했을지 은근히 궁금해졌다. 궁금증을 이기지 못해 다시 아침 산책길에 나섰다. 와서 보니 생각보다 잘 자라고 있었다. 잎이나 줄기 모양새로 보아 개망초와 쑥부쟁이인 듯했다. 각각 한 포기씩 콘크리트 비좁은 틈 사이 한곳에 제법 모양을 갖추었다.

그런데 그 둘은 경쟁 관계일까, 협력 관계일까, 그게 또 궁금해졌다. 겉보기에는 아마 비슷한 처지를 서로 이해하는 듯하기도 하다.

그렇지만 더 궁금한 게 있다. 그들이 열악한 환경에서 버틸 수 있었던 생존 무기는 무엇이었을까. 어떤 경우에도 나만의 생존 무기는 있기 마련이다. 우리 모두의 일상생활에서도 분명 생존 무기는 있을 것이다. 알게 모르게 지닌 삶의 태도가 그것이 될 수도 있다. 무한 경쟁 시대를 살아가는 우리들의 삶이다.

지혜를 터득하고 활용하라

자칫 잘못하다가는 콘크리트 틈바구니의 풀들처럼 역경에 빠질 수도 있다. 나만의 생존 무기를 터득해야 하는 이유이기도 하다. 불확실성 시대에 여러 문제와 부딪혀야 하는 것이 오늘의 현실이다. 그것에 대비하기 위해 우리는 지금껏 학교에서 또는 가정에서 학습해 왔다.

식물에서조차 살아가기 위한 전략이 눈물겹도록 대견스럽기만 하다. 콘크리트 틈 사이에서도 그 아래는 뿌리가 여러 갈래로 뻗어 자신만의 터전을 견고하게 만들고 있다. 기본을 튼튼하게 하였으니 줄기와 잎이 그나마 모양을 갖춘 게 아닌가 싶다.

이제는 꽃망울을 터트릴 준비가 한창이다. 풀씨를 만들어 후손에게는 좋은 터전으로 내보내겠다는 전략을 마련 중일 것이다. 길 건너 풀밭에도 개망초가 보인다. 모두 주변 환경에 적응하느라 바쁜 아침 산책길의 모습이다.

이렇듯 살아가는 자체가 곧 서로 경쟁 관계와 협력 관계가 아닐 수 없다. 그중에도 경쟁 관계는 피할 수 없는 삶의 숙명이다. 피할 수 없다면 어려움을 헤쳐 나갈 수 있는 지혜를 스스로 터득하고 활용해야 한다.

나만의 생존 무기는 무엇인가

우리네 생활 속에서 그 안목을 길러주는 것은 무엇일까. 개망초와 쑥부쟁이가 어려운 환경을 이겨내는 것은 뿌리를 튼튼히 함에 있다. 그와 같이 기본을 갖추는 게 중요한 일이 될 수 있다. 부실한 뿌리로는 나 자신을 지탱해 나갈 수 없다. 작은 풍랑에도 쉽게 휩쓸리고 만다.

내가 금수저로 태어났든 흙수저로 태어났든 그것은 어쩔 수 없는 노릇이다. 그러나 뿌리를 튼튼하게 하는 것은 각자의 몫이고 책임이다. 그래서 어떤 대책이 필요하고 어떻게 추진해야 할 일인지를 염두에 두어야 한다.

그러자면 배워야 알 수 있는 일이며 알고 있을 때 실천이 가능한 일이다. 세상의 모든 생명체는 본인만의 생존 무기가 있게 마련이다. 그렇다면 나의 생존 무기는 무엇일까. 우리는 모두 자본주의 체제에서 살아간다. 뿌리를 튼튼하게 하기 위해서는 돈이라는 매개체가 필요하다.

그러한 돈을 알고 이해하려면 반드시 요구되는 게 있다. 경제와 금융 공부의 필요성이 대두되는 사항이다. 그런데도 막연하게 지내다가는 꽃망울을 터트리기도 전에 시들게 된다. 시들시들 지내다 보면 시들어 버린 삶으로 끝나고 만다.

경제 학습, 나는 이렇게 재미있게 해 봤다

지난 몇 년간 경제, 금융 공부를 이렇게 해 봤다. 몇 년 전 책을 한 권 낼 때의 계획서 작성과 추진 방안을 답습해서 했다. 그렇듯이 어디까지나 경제 공부는 본인의 취향대로 하면 된다. 내 취향에 맞는 다른 좋은 방안이 있으면 거기에다 제3장의 '어떻게 공부할 것인가'에서 열거한 사항들을 가미해서 하면 된다.

경제 공부를 하게 된 계기는 경제에 문외한이라는 처량함에 있었다. 늦었지만 경제라는 것이 무엇인지 한번 살펴보고자 했다. 결국 나처럼 느지막이 그러지 말고 일찍 깨우치라는 의미다.

책은 어떻게 구입했나. 돈과 경제에 관한 베스트셀러나 신문 등 언론에서 거론되는 책 중에서 선택했다. 교보문고 온라인을 많이 이용한 편이다. 10% 저렴하기도 하고 집에서 편하게 받아 볼 수 있는 장점도 있다. 일반 서점에는 가끔 한두 번 들러 이것저것 살펴보기도 했다. 생각 외로 좋은 책을 구입할 수도 있다.

책을 고를 때 주의할 점은 아래와 같다. 책 제목과 목차만 보고 살 경우 어떨 땐 내용이 너무 부실해 실망할 수도 있다. 그럴 땐 일반 서점에 가서 내용을 훑어본 후 사는 게 좋다. 학술적으로 그럴 듯하게 포장된 내용은 학습용으로는 실익이 없다.

실용적이고 생활과 밀접한 관계가 있는 내용의 책이 좋다. 공부하다가 책이 맞지 않다고 생각될 경우도 있을 수 있다. 과감하게 버리고 다른 책으로 바꾸는 게 여러모로 도움이 된다.

나는 무엇으로 공부했나

책은 주로 어떻게 보게 되는가. 쉬운 책부터 먼저 공부했다. 두 번째 볼 때를 생각해서 중요 부분은 밑줄을 치며 보는 게 좋다. 나중에 볼 때 시간 관리에 도움이 된다. 더 중요한 것은 노트에 핵심 정리를 한다는 데 있다.

노트는 낱장을 넣고 뺄 수 있는 바인드 노트가 좋다. 느낀 점이나 내 생각을 곁들일 수 있다. 바인드 노트는 속에 끼우는 낱장도 별도로 문구점에서 살 수 있다.

어디 갈 때 책을 들고 다니기 싫다면 바인드 노트를 가지고 다니면 된다. 들고 다니기에 딱 알맞다. 별도로 시간을 내지 않더라도 틈틈이 바인드 노트를 볼 수도 있다. 그게 습관이 되면 엄청난 돈 공부의 효력을 얻게 된다.

어떤 공부를 주로 했나. 경제와 관련된 책과 경제 신문 읽기는 경제, 금융 공부에서 빼놓을 수 없는 주제다. 경제 공부에서 경제라는 것은 일반 경제뿐만 아니라 돈, 금융, 부자, 투자 등을 아우르는 총체적 개념이다.

모두가 서로 유기적 연관성이 있고 우리네 경제생활과 밀접한 관계가 있다. 그래서 경제를 위시해서 관련된 모두를 함께 봤다. 그게 더 효율적이다. 경제 관련 책을 보면서 모르는 용어나 내용은 철저하게 밝혀 명확하게 알아보며 나아갔다.

그것이 기본이다. 그렇게 하여 문해력을 높였다. 그래야 경제 공부가 수월해진다. 문해력을 높일 때 경제 지식의 윤곽이 머릿속에 들어오게 된다. 그런 후 그 내용들을 이해하는 데 그치지 않고 일상과 연결하도록 노력했다. 그럴 때 경제 지식이 활성화되어 내 생활 속에 녹아들게 된다.

이런 것은 삼가야 한다

여기서 주의할 점은 그저 읽기만 해서는 안 된다. 경제 관련 책이든 경제 신문이든 기록하고 정리할 것은 별도로 챙겨야 한다. 그렇지 않을 경우 경제 감각은 쌓이지 않고 혼란만 가중된다. 나의 가정 경제와 어떻게 연결되는지 모른 채 그저 읽는 데 그치고 만다.

아무런 도움이 되지 않는다. 내 것으로 활용하는 책략이 필요하다. 경제 공부를 하는 과정에서 깨달은 사항이다. 우리네 생활과 밀접한 경제 지식으로 가야 한다. 살아 있는 경제는 일상생활에 있다.

경제라고 무조건 다 경제가 아니다. 내 가정 경제와 연결되어야 비로소 경제의 참뜻이 생길 수 있다. 경제는 우리네 생활 속 사람들 사이에 있다. 학술적이 아닌 실용적인 면으로 접근하는 게 돈 공부의 핵심 포인트다.

공부하기 싫을 땐 어떻게 했나. 불안해하지 않았다. 무슨 일이건 장애물이나 망설임이 있기 마련이다. 딱딱한 경제 공부인데, 탐정소설 보듯 그렇게 흥미로울 수 있겠나. 당연하다고 마음을 달래가면서 했다. 누구든 견뎌내기만 하면 가능한 일이다.

더구나 젊은이들이라면 당장의 편안함보다는 훗날을 위해 주변의 유혹을 유보하는 것이 바람직한 생활 태도다. 그리하여 물러서

지 않으면 앞으로 나아갈 수 있다.

경제 공부 계획표 작성

경제 공부 계획표는 어떻게 작성했나. 작성 요령은 제3장 '학습 계획표 작성 요령과 고려할 사항'을 활용했다. 반드시 필요한 사항이다. 그럴 때 체계적이고 짜임새 있는 공부가 된다. 확실한 성과를 볼 수 있다.

계획표 작성이라고 하면 거창한 느낌이 들 수도 있겠지만 그게 아니다. 내 방식대로 그저 돈 공부 해보겠다는 의지의 표현을 구체적으로 수치화했다. 그것을 그릇이라는 틀에 일정하게 담으면 윤곽이 드러나게 된다.

계획표와 내 의지를 믿고 각오를 다지며 임했다. 구체적 계획 없이 주먹구구식으로 대처해서는 성과를 기대하기 어렵다. 공부라는게 어설프게 할 때나 정신 바짝 차리고 할 때나 시간과 품이 드는것은 거의 비슷하다. 정신 문제에 있어서 마음 챙김 그 자체는 깻잎한 장 차이라고 볼 수 있다. 내가 한번 해보겠다는 의지의 문제다.

생각의 폭을 넓힐 때는 독서량이다. 반면에 생각의 깊이를 더하고 싶을 때는 독서의 깊이다. 그래서 독서량을 높이고 독서의 깊이도 넓히는 방향으로 했다. 확실히 좋은 효과를 보게 된다. 입체적인 틀이 구성된다.

신나고 재미있게 만들기

경제 공부를 하며 달라진 게 있나. 많은 변화가 있었다. 무엇보다 내가 무엇을 어떻게 해보겠다는 구체적인 그림이 그려진다는 게 가장 큰 수확이었다. 그러나 나이 많은 사람으로서는 연륜 상 한계가 있을 수도 있다.

젊은이들이라면 돈 벌고 모으는 일에 크게 이바지할 것으로 기대되는 일이다. 자연스럽게 목표 설정과 이행 방안이 그려지기 때문이다. 그게 바로 경제에 대해 이력이 나고 틀이 잡힌다는 얘기다. 경제 공부를 하며 좋아진 점과 아쉬웠던 점 몇 가지는 제5장에서 별도로 언급했다.

경제 신문은 어떻게 보았나. 경제 신문 읽기 역시 경제 공부하는 방법의 하나다. 경제 지식을 익히는데 경제 신문이 큰 역할을 하게 된다. 신문 내용 중 공부가 될 만한 것들만 꼼꼼하게 읽었다. 오직 경제 지식의 바탕을 튼튼히 하기 위해서다.

처음엔 어둔하기도 했지만 계속되다 보면 어느 순간 하나둘씩

네트워크로 연결된다. 경제의 흐름을 보게 되는 안목이 생긴다. 그렇듯이 경제 공부는 머리로 하는 게 아니라 마음으로 하는 것이다. 제1장의 '직접 경험한 공부가 쉬워지는 습관'을 참고하여 알뜰하게 진행하게 되면 마침내 경제 공부 궤도에 진입하게 된다.

정말 그렇다. 몸소 실천해 보면 엄청나게 신나고 재미있을 때도 있으리라 믿는다. 그런 날을 기약하며, 오직 그것에만 매달리는 생활이 필요하다. 물론 약간의 용기와 집념이 요구되는 사항이기도 하다.

신나고 재미있는 일이 반복된다면 그대에게도 돈 공부의 큰 성과를 보게 되는 그런 날이 오고야 말 것이다.

이토록 쉬운 학습 계획표 작성 방법

2021년에 책을 한 권 낸 적 있었다. 『계획의 힘, 그 실천의 마법』이다. 처음 내 보는 책이라 막연했기에 추진 계획표를 작성하여 실행해 봤다. 성과가 있었다. 그때의 추진 계획표 작성 요령을 경제 공부에 적용하면 큰 성과가 있을 것으로 생각된다.

그때 적용한 기본 원칙의 내용은 이렇다. 계획수립의 기본 원칙 첫째는 우선 달성할 수 있는 계획이어야 한다. 구상했던 생각들을 달성할 수 있도록 정리할 필요가 있다. 내 인생 전반에 미치는 영향이 크기 때문이다.

계획은 말 그대로 미래의 사실을 반영하는 것이다. 그 목표에 도달할 수 있는 계획을 세움으로써 자신의 인생을 가늠해 볼 수 있다. 두 번째는 구체적이어야 한다. 구체적이 아니면 사업 진척이 애매하게 된다. 그로 인해 지연되는 잘못을 저지르게 될지도 모른다. 또한 구체적이 아니고 불합리하게 짜인다면 헛된 시간을 낭비할 뿐만 아니라 남은 인생에 부정적 영향을 미칠 수도 있다.

세 번째는 추진 일정을 수치로 반영해야 한다. 언제부터 어느 때까지 무엇을 하고 언제까지 끝내고 등을 검토해야 한다.

절박한 이유 찾아보기

『계획의 힘, 그 실천의 마법』에서 성과가 있었던 것 중의 하나는 절박한 이유 찾아보기 작성표다. 그것을 경제 공부와 연계해서 활용해 볼 수도 있다. 무엇을 해보겠다는 막연한 생각보다는 왜 해야 하는지 그 절박한 이유를 한번 찾아보자는 의미다.

매번 결심만 하고 실제로 변화하지 못하는 것은 결코 의지가 약하거나 타고난 천성이 게을러서가 아니다. 제대로 된 실천 계획표가 없기 때문이다. 그래서 나로 하여금 무엇이 절박한가를 살펴보자는 거다.

내가 무엇 때문에 경제 돈 공부를 해야만 했던가. 그러한 사항들을 전부 적으면 된다. 그렇게 작성된 표를 기반으로 해서 단기와 장기 계획표 작성을 하면 된다. 어떤 일정한 틀에 구애될 건 없이 내 나름대로 표를 작성하면 된다.

작성 요령은 연도별 월별 항목별로 세부 추진 계획을 작성하면
된다. 이때 기본 원칙의 적용은 필수 사항이다. 계획표 작성이 끝
나면 점검 보완 표를 작성하여 항목별로 체크를 해야 한다. 신발을
살 때 신어보고 사는 것과 같은 이치다.

계획표 작성 시 주의사항

미국의 동기 부여 연설가 레스 브라운은 말하기를 "무작정 출발
해서는 안 된다. 목표가 무엇인지 명확하고 구체적으로 알아야 한
다. 제2의 본성이 될 때까지 새겨라."라고 했다.

그는 어린 시절 저능아라는 평을 받을 정도였으나 무모하다 싶
을 정도로 끈기 있게 도전하여 꿈을 이룬 인물이다. 그러하듯 경제
공부 역시 무작정 출발해서는 곤란하다. 그래서 경제 공부의 계획
표 작성 시 주의할 점이 있다.

우선 자기 분수에 맞는 경제, 금융 공부 계획을 생각해 봐야 한
다. 그렇지 않으면 공부의 진도가 나아가질 않을 뿐만 아니라 결국
에는 싫증을 느끼게 된다. 계획표를 어중간하게 잡는 일은 절대 하
지 않아야 한다. 뭐가 뭔지 중구난방 식이면 더욱 곤란하다. 기본

원칙을 참작해서 정리하면 된다. 내가 느끼고 생각했던 일들을 정리하는 데 그 뜻이 있는 것이다.

예를 보면 내 수입은 얼마이며 거기서 얼마를 떼어 얼마 동안 저축을 하겠다는 둥 구체적 계산이 나올 것이다. 그러면 구체적 계산에서 실행 방안으로 옮기는 일이다. 그렇게 되면 계획했던 목돈을 쥐게 된다.

바로 그러한 것들이 부를 쌓는 길로 접어드는 첫걸음이 되는 것이다. 이러한 모든 것을 종합하여 계획표를 작성하되, 장기 계획보다는 1년 단위의 계획이 바람직하다. 1년 단위의 계획이 완료되면 그에 대한 성취감을 느낄 수도 있다.

성과를 분석한 후 잘된 점은 발전시켜 나가고 보완할 사항은 다음 계획에 반영하면 된다. 성과분석이 끝나면 다시 1년 단위의 계획으로 이어질 수 있다.

제4장

경제, 금융 공부를
응용한다면

1

처음 토지 투자할 때 갖추어야 할 지식과 요령

공인중개사 사무실을 운영하며 습득한 지식을 토대로 개괄적으로 서술했다. 토지 투자의 기본적 사항은 돈 공부와 더불어 부동산 공부가 필요하다는 점이다.

부동산 시장은 일반 실물 경기와는 다른 점이 많다. 더구나 처음 토지에 관심을 두는 경우라면 부동산 공부부터 먼저 한 후 투자에 관심을 가지는 게 합리적이다. 부동산 공부의 윤곽이 어느 정도 잡히면 중개업소에 자주 들러서 내 토지 실력을 확인해 볼 수도 있다. 토지를 보는 안목이 넓혀질 때까지 공부는 기본이다.

좋은 토지를 보는 능력은 많은 시간과 노력에서 나온다. 토지 투자는 겉으로 보는 것 이외에도 살펴야 할 것들이 많다. 따라서 여러 관점에서 보는 자세가 필요하다. 그렇지 않으면 실수를 범할 수도 있다.

우선 해당 토지에 대한 관계 서류를 반드시 챙겨야 한다. 다음은 현장 답사다. 좋은 토지를 고르는 안목을 키우는 길은 현장 답사를 자주 하는 것이다.

토지 투자에 대한 일반적 사항

정보를 얻기 위해서는 부지런해야 한다. 정보에서는 개발 정보와 예상되는 정책이나 지역 개발 시기 등이 중요하다. 이용할 수 있는 정보로 인터넷, 신문, 부동산 전문 방송 채널 등이 있다. 이들이 말하는 예측이라든가 투자에 대한 정보는 거의 비슷한 수준이다. 내가 필요로 하는 것을 얼마만큼 잘 가리느냐에 따라 효용 가치가 있는 것이다.

토지 투자 때 대단위 규모의 토지 보상금이 풀리는 것이 호재가 될 수도 있다. 그 지역 인근의 땅값이 항상 투자 가치가 올라갔기 때문이다. 남들보다 먼저 정보를 획득하여 인근 땅을 사는 것이 큰 이득을 볼 수 있는 방법이다. 또한 팔아야 할 때와 사야 할 때의 시점이 중요하다. 땅을 팔 때는 되도록 여러 사항을 고려하여 천천히 파는 게 좋다.

보상금이 풀린 지역에 투자할 때 주의해야 할 것은 기획 부동산이다. 기획 부동산은 뒤에서 별도로 살펴보기로 한다.

토지 투자 시 행정적 검토

　토지는 관련 규제에 따라 서류도 많으므로 반드시 꼼꼼히 확인하고 매입해야 한다. 서류가 확인된 후에는 반드시 현장 답사하여 직접 확인해야 후회되는 일을 막을 수 있다. 서류상으로 계획관리지역일 경우는 긍정적으로 평가된다. 계획관리지역에서는 지구단위 계획을 수립할 때 용적률이 크게 완화되므로 대규모 개발이 가능하다. 농림지역이나 보존관리지역이나 생산관리지역도 인근 토지에 개발 계획이 있고, 영향권이 미친다면 달리 볼 수 있다.

　해당 토지 소재지의 도시계획 조례도 살펴볼 필요가 있다. 토지이용확인원과 지적도를 가지고 해당 지자체의 관계 부서를 찾아가 문의하면 된다. 그리고 공인중개사의 거래가격 농간이 염려된다면 여러 중개업소를 들러서 알아보는 게 좋다

　토지에 대한 투기 지역이나 투기 우려가 있는 지역은 사전에 허가받아야 한다. 허가권자는 해당 지역 시장, 군수, 구청장이다. 허가 구역은 국토부 홈페이지에서 확인할 수 있다.

　농지는 투자 시 주의할 점이 많다. 농지는 취득이나 이용에 제약

이 많이 따르는 편이다. 다른 사람의 말만 믿고 투자하면 낭패를 볼 수도 있다.

그러나 농지는 제약이 많지만 가격이 낮아 소자본으로도 취득할 수 있다. 도시 주변의 농지에 개발이 예정된다면 높은 투자 이익을 얻을 수도 있다. 그래서 농지의 취득이 가능한 것인지 아닌지가 중요한 사항이 될 수 있다.

현장 확인 검토

토지는 도로의 유무가 중요한 요소가 될 수 있다. 건축하기 위해서는 반드시 도로와 접해야 한다. 이때 건축법상의 도로는 사람과 자동차의 통행이 가능한 폭이 4m 이상의 도로를 말한다. 도상에 도로가 있고 현황 도로도 있는 경우라면 도로 폭과 소유주를 확인해야 한다. 만약에 지목이 도로이면서 소유주가 국가나 시, 군으로 되어 있으면 문제가 없는 도로다.

도상에는 도로로 되어 있으나 현재 다른 모습으로 되어 있는 경우도 있을 수 있다. 이때 사도로인 경우에는 매수하거나 토지 소유주의 토지 승낙서가 있어야 건축허가가 나올 수 있는 일이다.

하천 점용허가를 낸 땅을 내 땅인 것처럼 하는 경우도 있다. 환경 규제나 군사시설이나 문화재 등은 토지 이용계획확인원에 나오지 않는 경우도 있으므로 주의해야 한다. 토지로 진입하는 길이 있는지도 확인해야 한다. 진입로가 없다면 이용하기 어렵다.

맹지일지라도 현황도로가 있는지, 인근에 혐오시설은 없는지, 지적도에는 표시되어 있지 않기 때문에 현장 답사해서 확인할 사항이다. 지적도에 표시된 구거나 하천의 경우 실제와 다를 수도 있다.

토지 위에 건물이 있는 예도 있다. 토지 소유자와 건물 소유자가 다를 때는 법정지상권을 살펴봐야 한다. 지목 변경을 할 수 있는 논밭인지 보는 것도 필요하다. 반듯하게 농지 정리된 땅은 대지로 지목변경하기 어렵다.

현장 답사할 때 공인중개사와 함께 가는 게 좋지만, 공인중개사의 말을 다 믿기보다는 취사선택해서 들으면 된다. 점검표는 내 방식대로 하면 되는 일이다.

소액으로 토지 투자하기

토지 투자에 성공하려면 소액 투자로 거래 지식을 어느 정도 습득하고 투자 분석 요령을 익혀야 한다. 소액 투자를 할 때는 투자 유혹에 쉽게 빠지는 경향이 있을 수 있다. 발품을 팔며 살펴봐야 한다. 그런 다음 전문가에게 조언을 받는 것이 좋다.

소액 투자 시 사람들의 통행은 별로 없더라도 도로에 접한 땅이라든가 그린벨트 주변이나 기반 시설이 갖춰진 물건이 장래성이 있는 곳이다. 땅 투자는 기간과 금액에 따라 달리 하는 게 좋다. 소자본으로 투자를 할 곳은 그리 많지 않다.

그렇다고 많은 금액이라고 해서 한 곳에 전부 투자하는 것도 바람직한 일은 아니다. 중요한 것은 어떻게 접근하고 어떤 토지를 사는가이다. 농지는 투자 시 주의할 점이 많다. 농지는 취득이나 이용에 제약이 많이 따르는 편이다. 도시 주변의 농지에 개발이 예정된다면 높은 투자 이익을 얻을 수도 있다.

그래서 농지의 취득이 가능한 것인지의 여부가 중요한 사항이 될 수 있다. 기간에 따라 사야 할 토지의 대상을 달리하는 것도 생각해 볼 수 있다. 예를 들면 단기 투자할 경우는 환금성과 수익성을 염두에 두고 살펴봐야 한다.

토지 투자에 관한 지식 쌓기

좋은 땅을 고르는 안목을 키우는 데는 많은 발품을 파는 일과 공부가 절대적으로 필요하다. 겉으로는 좋은 토지로 보여도 어느 곳에 복병이 숨어 있을지 모르는 일이다.

초보 투자자에게는 이론도 중요하겠지만 그보다는 현장 경험이 우선이다. 현장 답사를 통해 궁금한 것은 공부하고, 자문하기도 하고, 항상 현장 위주가 되어야 한다. 정보력이 떨어지고 미래를 예측하는 능력이 부족하다 보니 남의 말에 솔깃해질 수도 있다.

그것을 조심해야 한다. 공인중개사 사무실을 운영하며 느낀 것 중에 부동산 투자든 어떤 투자든 자세히 아는 게 우선이라는 것이다.

자세히 알려면 현장을 훤히 꿰뚫어 볼 정도가 되어야 한다. 하나를 알더라도 제대로 알아야 한다. 토지에 투자하겠다면 토지와 관련된 사항을 줄줄이 읊을 수준이 되어야 한다.

계약 후 실제 면적이 다를 경우

계약 후 건축하려고 측량을 해 본 결과 계약 당시 토지 대장상 면적과 측량 후 실제 면적이 다른 경우가 있을 수 있다. 잔금까지 치른 후 면적에 착오가 생긴다면 낭패가 아닐 수 없다.

이를 방지하기 위해서는 토지 매매 계약 전에 현장 답사를 통하여 대상 토지의 형태가 정확히 맞는지 파악할 필요가 있다. 측량할 형편이 안 되는 경우라면 필지 매매 방식보다는 수량 매매 방식을 통하여 계약서를 작성하는 것이 좋다. 나중에 면적 차이가 있을 때

면적 부족 문제를 해결하는 방법이 될 수 있다. 필지 매매 방식은 공부상 면적을 기준으로 평당 가격을 산정하여 결정하는 방식이다. 이때는 줄어든 면적에 대해서 감액 청구를 하기 어렵다.

그러나 수량 매매 방식을 통하여 계약하게 되면 대금 정산을 할 수 있는 터전이 마련된다. 수량 매매 방식은 평당 가격을 정하고 실평수에 따라 대금이 결정되므로 측량 결과에 따라 감액 청구를 할 수 있다.

대법원 판례를 보면 "부동산 매매 계약에 있어서 실제 면적이 계약 면적에 미달하고 그 매매가 수량지정 매매에 해당하면 계약 체결상의 과실 책임을 물을 수는 없다."라고 판결한 바 있다. 분쟁에 대비해서 계약서 특약 사항란에 측량과 면적에 대하여 분명하게 언급해 두는 게 좋다.

기획 부동산에 대한 대처 요령

기획 부동산은 워낙 치밀하게 진행되기 때문에 사기성이 있는지 눈치 채기 어려운 부분이 있다. 기획 부동산은 일반적으로 넓은 토지를 나눠서 거래하는 부동산 업자의 경우다. 거래하고 나서야 어느 정도 감이 잡힐 수도 있다. 그래서 좋은 물건이 있다고 제의가 들어오면, 우선 매물의 지번을 알려달라고 해야 한다.

안 알려 준다면 그것으로 끝내면 된다. 단기에 치고 빠지는 기획 부동산일 수 있기 때문이다. 알려준다면 그 지번에 대한 지적도와 토지이용계획확인원을 살펴보는 게 좋다.

땅의 모양, 도로 등은 지적도를 보고, 토지에 대한 각종 공부상의 규제사항 등은 토지이용계획확인원을 본다. 임야를 수십 개로 나눈 토지는 매수하지 않는 게 좋다. 이는 기획 부동산이 아니더라도 마찬가지다.

임야가 아니더라도 분할된 면적이 너무 적은 평수 역시 좋지 않다. 이는 소규모 투자 대상이 아니다. 관련 서류상 괜찮다고 느껴지는 토지라면 현장 답사한다. 물론 기획 부동산 측과 가는 것은 피하는 게 좋다.

관할 관청에 들러 매물에 대한 개발 계획이나 궁금한 것을 확인하는 것도 중요하다. 지금은 도로가 없지만 도로 개설이 가능한지도 알아봐야 한다. 개발에서 중요한 게 도로다. 서로 알고 지내는 공인중개사가 있다면 한 번 더 검증하는 게 바람직하다. 큰돈 벌 수 있다거나 개발 예정지라든가. 너무 과장되게 접근할 땐 현혹되지 않는 지혜가 필요하다.

2

돈 들이지 않고 부동산 분쟁에서 이기는 기술

부동산 거래 과정에는 많은 법률문제가 발생하기도 하고 예상치 못한 변수가 생길 수도 있다. 그래서 부동산 거래 시 주의가 필요하다. 부동산으로 큰 손해를 보게 되는 사람 중에는 계약서 특약사항을 잘 기재하지 않았다거나, 권리관계를 잘 파악하지 못한 경우가 많다. 이러한 과정을 소홀히 다루다가 재산상 손실에 빠지거나 분쟁에 휘말리기도 한다.

기본적인 상식만 제대로 알았다면 사전에 방지할 수 있는 것들이 대부분이다. 그런데도 대비하지 못해 변수가 생기기도 하고, 소송으로까지 가게 된다. 그리하여 적잖은 비용과 시간을 낭비하는 사례도 심심찮게 발생한다.

이때 투자자에게 필요한 것이 바로 부동산에 관한 법률 상식이다. 그러므로 거래 당사자라면 관련 법률 상식을 갖추는 것은 당연한 일이다. 이러한 일들은 조금만 관심을 가지면 사전에 방지할 수 있다. 이렇듯 부동산 거래 과정에서 흔히 발생하는 분쟁에 대해 살펴보기로 한다.

부동산 매매 계약에 대하여

부동산은 계약 전에 충분한 검토가 필요하다. 우선 매매 물건에 대한 등기부등본을 확인하여 소유권, 저당권, 임차권 등 권리관계를 체크 하여야 한다. 소유권자의 신원을 확인하고, 저당권이 있을 때는 잔금 전까지 매도인이 말소하든가 매수인이 승계하는 조건으로 협의하여 계약한다.

현지 점검과 권리관계 확인 결과 특약 사항란에 기재할 것이 많을 경우, 계약서 작성하는 날 보다 미리 공인중개사에게 기재해 달라고 부탁하는 게 좋다. 그렇게 함으로써 계약 당일 빠뜨리지 않고 진행할 수 있게 된다.

매도인이 알려주지 않은 하자 발생이나 현지 확인 시 발견하지 못한 하자에 대해 입주 후 알게 되었다면 책임 한계를 계약서 특약 사항란에 분명히 할 필요가 있다.

상가 건물 매매에 대하여

상가 건물 매매에 대해서는 반드시 등기부등본과 건축물대장을 함께 검토해야 한다. 등기부등본상의 현 소유자가 맞는지 등을 파악한다. 건축물대장에서는 건물에 위반 건축물이 있는지, 위반 건축물로 인한 이행강제금이 청구되고 있는지, 건축물의 주 용도에 맞게 사용되고 있는지를 검토한다. 매매할 때 시설이나 세입자를 기존상태 그대로 유지되는 조건으로 계약할 때는 포괄 양도양수계약을 별도로 작성하는 게 좋다.

부가세 부담에 대해 확실하게 언급하는 게 나중에 분쟁의 소지를 막을 수 있다. 현지 확인에서는 영업 업종이 상가 용도와 적합한지, 신고 및 허가 관련 사항과 소방 관계 시설이 적합한지, 전력 용량이 적합한지, 건물에 누수되는 곳은 없는지 등을 반드시 확인해야 한다.

상가 건물에서 상가 번영회의 자체 규약으로 동일 업종은 영업할 수 없다는 규정이 있는지도 확인할 사항이다. 그러한 사실을 모르고 계약하면 분쟁의 소지가 있게 된다.

계약서 특약사항에 대하여

표준화된 계약 내용 외에 계약 당사자 간에 약정된 내용을 기재하는 곳이 계약서 특약 사항란이다. 계약서 특약사항을 잘 활용하면 분쟁의 소지를 예방하는 데 큰 도움이 된다.

계약서 작성 전에 현지 확인과 권리관계 등을 검토하여 그 결과를 구두로 할 것과 특약 사항란에 명기할 것을 정리하여야 한다. 나중에 분쟁의 소지가 있을 정도의 것들은 구체적이고 상세하게 특약 사항란에 명기하여야 한다.

예를 보면 매수인이 경미한 문제로 다툼이 예상된다면 특약 사항란에 매수인이 현지를 확인하였으며, 현 시설상태에서의 매매계약이다. 이런 정도로 구체적으로 기재하면 도움이 된다.

문제는 항상 사소한 것에서부터 감정싸움으로 번지게 되고, 또한 분쟁으로 이어지게 된다. 이럴 때 판가름하는 기준이 바로 특약 사항이 된다. 기재할 내용이 많아 특약 사항란이 부족할 때는 별도로 작성해서 계약서에 별첨하면 된다.

계약서에 미리 인쇄되어 표준화된 처분 문서 부분에 대해 문제의 소지가 예상된다면 그 또한 특약 사항란에 명기하면 된다. 그런 경우는 잘 없지만, 과거 다툼이 있어 법원 판결이 나온 예가 있다. 매수인이 계약서상 부동 문자로 인쇄된 부분은 설명 들은 바 없다는 내용이 포함된 분쟁이다. 확실하게 해 두자면 특약 사항란에 본 계약서상 인쇄된 조문 제2조에서 제6조까지의 내용에 대한 설명을 들었으며 매도인과 매수인 모두 이행하기로 한다고 명기하면 된다.

토지 매매 계약에 대하여

토지는 다른 부동산보다 거래할 때 분쟁의 소지가 더 클 수 있다. 그래서 관련 서류를 자세히 검토하고 현지답사를 통해 꼼꼼히 조사한 후 계약해야 한다.

관계 서류를 통해 우선 매수 목적에 합당한 토지를 선정하는 게 중요하다. 매수 목적에 제한 사항이 있는지 검토한다. 토지가 어떤 용도 지역 지구에 해당하는지와 그 지역에서는 어떠한 행위의 제한이 있는가 등을 확인한다. 부동산 현황과 건축물대장과 일치하는지도 문제가 될 수 있다.

현지 확인 시에는 토지 위에 건물이 있는가, 진입로는 어떤가, 배수는 원활한가 등을 세밀하게 살펴봐야 한다. 토지 진입로 등에 문제가 있다면 이에 대한 책임은 매도자로 한다는 등 특약사항에 기재를 분명히 해야 한다.

예를 들면 본토지 계약의 면적은 등기부등본과 토지대장을 기준으로 하였으며 물건 인도 후 실측으로 면적의 차이가 있더라도 매도인과 매수인 모두 수용하기로 한다고 기재하면 좋다.

또 다른 분쟁이 예상되는 문제로는 물건 인도 후 토지를 이용하기 위한 각종 인허가 등이 있다. 건축허가가 나지 않을 경우는 어떻게 한다는 등 예상되는 문제는 특약 사항란에 넣는 게 후일 분쟁에 대비하는 길이다.

부동산 임대차 계약에 대하여

등기부등본을 확인한 결과 가압류, 가처분이 표시된 경우 임차인은 법적으로 보호를 받을 수 없는 일이 생길 수도 있다. 가압류가 임대차 계약보다 앞서 있다면 임차권은 대항력이 없다. 가처분의 경우에는 가처분권자의 본안소송 승소 시 소유자의 소유권 귀속이 부인 된다.

근저당권이 설정된 경우는 근저당권 말소조건으로 해야 한다. 가등기가 표시된 경우 가등기가 담보 가등기인 때는 소유자는 가등기권자가 아니라 설정자에게 있으므로 소유자와 계약해야 한다. 등기부등본은 그 후에도 잔금을 치르기 전까지는 변동 사항 여부를 체크해야 된다.

현장 확인 시 임차할 대상물에 수리나 개선할 부분이 있는지 살피고, 수리할 부분이 있다면 임대인과 합의 후 그 내용을 특약사항에 명기하기로 한다.

등기부등본에 대하여

부동산 권리 관계를 파악하기 위해서 가장 기본적인 것이 등기부등본이다. 우리나라 등기부는 공시력은 인정되고 있지만 공신력은 인정되고 있지 않으므로 등기부상에서 권리관계가 변동될 경우 그 사실을 표시해야 효력이 발생하게 된다. 이는 추정적 효력만 있는 것이다.

만약에 등기부등본만 믿고 소유권 이전 등기하였더라도 때에 따라서는 등기부상의 소유자가 실제 소유자가 아닐 수도 있다. 드문 일이지만 공신력 때문에 생기는 일이다.

등기부등본을 열람해 보았을 때 소유권 변동이 최근에 자주 발생한 경우나 상속받은 경우는 주의가 요구된다. 등기부상 소유자라 하더라도 나중에 진정한 소유 여부로 다툼의 여지가 있을 수 있다.

등기부의 우선순위는 갑구와 을구에 등기된 권리자 중에서 등기 일자가 빠른 경우 우선하게 되는데 같은 날짜에 등기된 권리자라면 접수 번호에 따라 우선순위가 정해지게 된다. 등기 신청은 등기 신청 정보가 전산 정보 처리조직에 저장된 때 접수된 것으로 본다.
등기를 마친 경우 그 등기는 접수한 때부터 효력을 발생한다.

3

돈 되는 부동산, 일찍 눈을 뜨라

부동산 공부는 부동산 투자가나 하는 것으로 생각하기 쉽다. '나중에 돈이 생기면 어떻게 해봐야지.' 이런 생각 때문에 제자리를 맴돌다 만다. 그렇지 않다. 나중에 정작 돈이 생겼을 때는 자산을 체계적으로 관리하는 데 실패하는 일이 생길 수도 있다.

더구나 내 소중한 재산을 지키기 위해서도 필요한 게 부동산 공부다. 그러다 더 발전하면 재산 증식의 기회를 잡을 수도 있다. 일찍 눈을 떠야 한다. 현재라는 시점에 갇혀 있으면 우선은 편할지 모른다.

'아는 것도 없는데, 부동산 투자를 어떻게 해?' 이런 생각은 접어두는 게 좋다. 부동산 투자에 대해서는 안 된다는 체념보다는 되는 방법을 찾는 그러한 인식의 전환이 필요하다. 요즘 흔히 관심을 두게 되는 재테크의 기본이 경제 공부와 부동산 공부에 있음을 염두에 두어야 한다.

그런 의미에서 공인중개사 사무소를 운영하면서 습득한 기초 지식 중 알기 쉬운 것 몇 가지를 살펴보기로 한다.

부동산 상식에 대하여

부동산 정보수집은 중개업소를 활용하는 게 좋다. 주변에서 근거 없이 나도는 정보에 현혹되면 낭패를 당할 수도 있다. 느긋하게 여러 중개업소를 다니면 된다. 중개업소마다 금액의 차이가 날 수도 있다. 많은 자료를 확보하여 비교 검토해 보면 된다.

그러면 취사선택할 수 있는 안목이 생긴다. 자주 들리면 부동산 관련 서류도 얻을 수 있고, 예상외의 정보를 얻을 수도 있다. 부담스러워할 것 없다.

부동산 시세에 대해 궁금해하는 사람들이 의외로 많다. 그럴 때 중개업소에 가기 전에 인터넷으로 먼저 거래 금액 조회를 해 보는 게 좋다. 인터넷에 국토교통부 실거래가 공개 시스템을 이용하면 전국 어느 지역의 아파트나, 주택, 오피스텔, 토지 등에 대한 실거래가를 알 수 있다.

아파트의 경우에는 월별, 전용면적, 계약일, 실거래금액, 몇 층이 상세하게 등재돼 있다. 국토부 실거래가 공개 시스템은 믿어도 된다. 부동산을 매매하면 공인중개사가 해당 시, 군 구청에 부동산거래 계약 신고를 하도록 법제화돼 있다. 그것을 근거로 등재된 것이기 때문이다.

실거래가는 아니지만 도움이 되는 사이트들이 있다. 네이버 부동산, 부동산 114, 부동산뱅크 등이 있다. 네이버 부동산에 등재된 금액은 매도인이 받으려고 하는 희망 금액이다. 거래는 통상적으로 그보다 낮게 이루어진다.

네이버 부동산의 전·월세는 임대인이 요구하는 금액이지만 대체로 통용되는 금액으로 볼 수도 있다. 이러한 것들은 네이버 부동산 측과 공인중개사 간에 월정액 협의로 올려진다. 그래서 실제와 맞지 않는 매물이 없다고 할 수는 없다.

필수 확인 서류에 대하여

등기부등본은 계약하기 전이나 잔금을 내기 전 그리고 전입신고 전에 계속 확인해 봐야 한다. 가처분, 가등기, 가압류 등은 상당히 위험하다. 꼼꼼히 살펴봐야 마음이 놓인다. 등기부등본은 대법원 인터넷등기소를 이용하면 누구나 발급받거나 열람할 수 있다. 요즘은 주민센터에 비치된 곳도 더러 있다.

주택의 경우는 건축물 관리대장을 봐야 한다. 건축물 자체에 관한 내용은 건축물 관리대장이 기준이다. 건축물 관리대장은 인터넷 민원24에서 발급받을 수 있다. 주민센터나 구청에서 자동 발급기를 이용해도 된다. 주민등록증 진위 확인은 계약할 때 필요하다. 확인 방법은 인터넷 민원24를 이용하거나, ARS 서비스로 국번 없이 1382를 이용하여 안내 멘트에 따라 확인하면 된다.

토지대장은 토지를 계약할 때 필요하다. 토지대장에서는 지목, 면적, 소재지, 지번 등을 보되, 토지 등기부 등본과 토지대장의 면적이 맞는지 봐야 한다. 지적도는 토지를 사기 전에 현장 확인 시 꼭 필요하다. 토지의 모양, 경계, 도로 등 현지와 지적도가 일치하는지 본인이 직접 확인해 봐야 한다.

토지이용 확인 계획서는 토지에 어떤 제한이 있는지, 내가 바라는 목적대로 이용할 수 있는지 등을 위해 확인이 필요하다. 인터넷을 이용하면 되고, 토지이용규제 정보 시스템을 이용하면 더 많은 내용을 볼 수 있다.

잘 살펴야 하는 등기 신청의 경우

보증금 안 돌려주는 주인에게 대항할 수 있는 권리로 임차권등기명령이라는 제도가 있다. 임차권등기명령을 신청해 놓고 법원으로부터 임차권등기명령이 제대로 나왔는지 확인 후 이사를 검토하면 된다.

전세권설정 등기는 대체로 잘 활용하지 않고 확정 일자 받는 것으로 가름하는 경우가 많다. 경비도 들고 주인의 동의가 있어야 하는 번거로움이 있기 때문이다. 그러나 전세권설정 등기를 해놓으면 전세 보증금을 돌려받지 못할 경우 소송 없이 주택을 경매 신청할 수 있다. 오피스텔의 경우에는 될 수 있으면 임차권설정 등기나 전세권설정 등기를 하는 게 좋다.

공동 투자자끼리 분쟁이 생기는 경우가 있다. 분쟁에는 여러 원인이 있겠지만 공동지분투자와 공유지분투자의 차이점을 이해하면 도움이 된다. 공동지분투자는 매매할 때 지분 소유자 전원의 동의가 필요하다.

다른 소유자 중에서 거절 의사를 보이면 처분이 어렵다. 친한 사람들끼리 한 공동 투자도 서로 어긋나는 수가 있다. 가장 확실한 방법은 단독으로 해서 개별 등기를 하는 게 좋다. 등기할 때는 관

련 법규가 바뀐 줄도 모르고 진행할 수도 있기에 법무사의 도움을
받는 게 바람직하다.

4

부동산 거래 시 돈 버는 습관 들이기

부동산 취득 시 위험 요소는 제대로 파악해야 한다. 설마 하는 생각이 위험하다. 더구나 부동산 거래는 액수가 크기 때문에 더욱 주의가 요구된다. 돈 버는 습관은 달리 있는 게 아니라 내 돈을 지키는 데서부터 시작된다.

또한 집을 살 때 무리하게 대출을 받는 것은 고려해 봐야 한다. 한창 자산을 불려갈 시기에 빚을 갚기에 허덕일 수 있다. 그렇게 되면 가정 경제에 불균형을 초래하는 결과를 빚을 수 있다.

무리한 대출뿐만 아니라 마이너스 통장 역시 고려해 볼 문제다. 어쩔 수 없이 대출받았다면 연체하지 말고 만약 연체할 경우가 생기면 최소한 3개월을 넘기지 않아야 한다. 개인의 신용도에 문제가 생길 수 있다. 부동산 거래 시 확실하게 챙겨서 돈 버는 습관을 생활화해야 한다. 그 요령을 한번 살펴보기로 한다.

계약 체결 때 유의 사항

　부동산 사무실을 운영할 때 보면, 남의 말만 듣고 계약하는 경우를 보게 된다. 계약 후 이거 잘못 산 게 아닌가 하고 미심쩍게 생각하는 고객이 더러 있다.

　계약한 뒤에 해약하자면 위약금을 물어야 하는 문제가 생긴다. 계약하기 전에 꼼꼼하게 살펴봐야 한다. 스스로 관련된 정보를 모으고 현장을 답사하여 확인하는 절차를 거쳐야 한다. 결국 계약의 당사자는 본인이기 때문이다.

　본인이 직접 현장을 방문하고 하자 여부를 살펴보는 것은 거래의 기본 사항이다. 공인중개사의 조언을 활용하되 지나치게 믿고 내가 살펴볼 일을 등한히 하는 것은 바람직한 일은 못 된다. 모든 법적 판가름은 계약서에 의해 이루어지기 때문이다.

　그래서 서명 날인 이전에 세심하게 챙겨야 한다. 나중에 하자를 발견했을 경우 해결책은 오래 걸리고 상당한 금전적 손실을 초래할 수도 있다.

계약은 실제 소유자와 해라

　모든 계약은 실제 소유자와 하는 게 원칙이다. 그러기 위해서 실제 소유자가 맞는지 확인하는 절차가 필요하다. 주민등록증으로 본인 여부를 확인하고 등기부상의 소유자와 일치하는지를 살펴봐야 한다.

그런데 부득이 소유자 본인이 오지 못하는 일도 있다. 이럴 땐 대리인과 계약을 생각해 볼 수 있는 문제다. 대리인과의 계약은 대리권이 있는지 확인해야 한다. 대리권을 증명할 수 있는 서류는 위임장과 인감 증명서 등이다.

인감 증명서 유효 기간 내의 것인지, 인감도장과 증명서가 일치하는지 등을 확인한다. 소유자가 오지 않고 그의 부인이나 남편이 왔을 때도 그런 절차는 밟아야 한다. 대리인이 왔을 경우 실제 소유자 본인과 전화 통화 등을 통해서 사실관계를 명확히 해둘 필요가 있다. 가능하다면 녹음도 생각해 볼 수 있다. 어느 하나라도 미비하거나 의심이 간다면 계약을 미루는 게 좋다.

공인중개사를 믿어라

생활 정보지나 인터넷 부동산 정보 등을 통해 직거래하는 예도 있다. 그러나 생각보다 상당히 위험하다. 한때는 보이스 피싱의 표적이 된 적도 있었다. 그게 아니더라도 나중에 문제 발생이 될 때 해결 방안이 어렵다. 공인중개사를 통해 진행하는 게 바람직하다.

공인중개사는 성실히 이행해야 할 의무가 있다. 부동산의 사실

관계 등을 세밀히 짚어 준다. 권리관계의 분석은 물론 해당 부동산 물건의 상세 설명과 규제사항이나 제한 사항 등에 대해서 많은 도움을 받을 수 있다.

그들은 손해배상 보증을 설정하고 등록 관청에 신고한 중개업자다. 거래 시 문제 발생이 있다면 금전적 손해 배상 청구가 가능하다. 중개 수수료 아낀다는 마음에 직거래했다가 더 큰 손해를 볼 수도 있다. 평소에 믿고 신뢰할만한 공인중개사를 알아두고 활용하는 것도 돈 버는 습관에 도움이 된다.

계약은 평일에 하라

부동산을 구매할 때 시간 관계상 공휴일에 계약하는 경우가 있을 수 있다. 되도록 피해야 한다. 부득이 계약해야 한다면 세심한 주의가 필요하다. 공휴일에는 부동산의 권리관계 등을 확인하기 어렵다. 계약 시에는 반드시 해당 시간대에 해당하는 등기부등본으로 가등기나 근저당 등을 확인해야 한다.

물론 요즘은 인터넷으로 등기부등본의 출력이 가능하다. 대법원 인터넷등기소에 접속하여 해당 부동산의 주소를 치면 열람이 된다. 또한 건축물대장 등 일부는 전자 정부를 통해 열람할 수 있다. 하지만 공휴일에는 저당권이나 채권 설정 등의 확인이 어려울 수도 있을 것이고, 금융기관도 이용할 수 없다. 그래서 거래 사고를 미리 방지하는 차원에서 피하는 게 좋다.

전세 사기에 대처하는 요령

요즘 전세 사기 사건이 가끔 나오고 있다. 참으로 안타까운 일이다. 전세 사기범은 대부분 세금 체납이라든가 근저당권 설정 등 권리관계를 교묘히 속여서 세입자에게 의도적으로 접근하는 경향이 있다.

주로 다가구 주택에서 일어나는 경우가 많은데, 다가구 주택은 집 하나에 여러 개의 방이 있는 구조다. 각 방마다 임대차 계약을 맺을 수 있다. 전세 사기범은 먼저 계약한 선순위 보증금 규모를 속여 전세 계약을 맺는 경우가 많다.

뒤에 계약한 세입자는 먼저 계약한 세입자보다 근저당권이 후순위이기 때문에 보증금을 돌려받지 못하게 된다. 전세 사기를 피하기 위해서는 시세를 정확히 파악하고 등기부등본상 권리관계를 꼼꼼히 확인하는 과정이 필요하다. 시세는 여러 부동산 사무실을 들러서 파악할 수 있다.

권리관계는 사전에 확인했더라도 계약 직전에도 살펴봐야 한다.

다가구 주택에서는 선순위 임차인의 확정 일자와 보증금 규모를 확인하는 것도 잊지 않아야 할 사항이다. 들어가려는 집에 체납된 세금이 있는지 확인해야 한다.

확인한 결과 약간이라도 의심이 갈 경우는 계약하지 않아야 한다. 그것이 가장 확실한 요령임을 명심해야 한다.

5

생활 속 세금 줄이기

세무사들이 흔히 쓰는 용어 중에 세테크라는 말이 있다. 돈을 불리는 데는 재테크만큼이나 중요하다는 뜻일 거다. 내 돈 지킬 수 있는 것을 소홀히 하면 많이 번다 해도 뒤로는 새 버리고 만다. 부동산은 액수가 크기 때문에 세금도 만만치 않을뿐더러 세법도 너무 복잡해서 대처가 쉽지 않다. 그러나 조금만 관심을 가지면 절세 방법에 큰 도움이 된다.

요즘은 세무 상담이 많이 용이해졌다. 국세청 국세 종합상담센터를 이용하면 자세하게 상담해준다. 인터넷으로는 국세청 홈텍스의 인터넷 상담 코너가 잘돼 있다. 그 외에도 각 지자체 인터넷 사이트에 세무 상담실, 대한법률구조공단 등을 이용할 수도 있다.

재산세 부과 기준일을 따져 봐라

재산세 부과는 6월 1일을 기준으로 한다. 그러니까 6월 1일 현재 소유주가 누구냐에 따라 결정된다. 만약 5월이나 6월에 거래할 일이 있다면 매수자로서는 6월 2일 이후에 잔금을 치르는 게 좋다. 6월 2일 이후에 잔금을 치르면 매수자가 아닌 매도자가 세금을 내게 되어 매수자가 유리하다. 이는 계약일 기준이 아니고 잔금일이 기준이기 때문이다.

그래서 그 무렵에 계약하였으면 재산세 납부 고지서가 올 때 확실히 짚어 볼 필요가 있다. 내가 낼 경우가 아닌데도 모르고 내게 된다면 곤란하다. 6월 1일 전후로 계약할 때 애매하다면 특약사항에 재산세는 매도인과 매수인이 절반씩 부담하기로 한다든가 서로 합의된 내용으로 명기할 수도 있다.

등기에 따라 세금 차이가 있다

주택을 구매할 때 단독 등기가 좋은지 공동명의가 좋은지 궁금해한다. 부부가 공동으로 등기하면 해당 부동산에 대한 재산권 행사를 부부가 공동으로 할 수 있다. 통상적으로 재산세에는 의미가 없지만, 양도소득세와 상속세에는 영향이 다소 있다.

양도소득세에서는 양도소득 대상을 한 사람으로 했을 때보다 공동명의로 분산하면 전체 금액을 낮추는 효과가 있기 때문이다. 상속세의 경우에는 단독 등기가 되어 있으면 부부 중 한 사람이 사망 시 전 재산이 상속 재산에 해당한다.

그러나 공동명의로 되어 있으면 사망한 사람의 지분만큼만 상속 재산이 되어 상속세에 차이가 생기게 된다. 취득세의 경우에는 비례세율에 해당하기 때문에 세금 분산 효과가 발생하지 않는다. 상가주택을 임대할 경우 임대 소득세를 절세하려면 소득을 분산시키는 것이 유리하다.

잘못 낸 세금 돌려받기

부동산 거래 후 세금이 생각보다 높게 나왔다면 생각해 볼 일이다. 우선 세금 고지서에 기재되어 있는 세금 담당자에게 왜 그렇게 나왔는지 구두나 서면으로 확인해 볼 필요가 있다. 그러면 어느 정도 이해가 될 수도 있다. 부담스러워할 것 없다.

요즘은 열린 행정이기 때문에 친절히 알려 주고 있다. 그래도 이해가 안 될 정도로 부당한 금액이라면 불복 청구서를 이용하는 제도가 있다. 이럴 때 세무사와 상담하고 진행하면 한결 수월해진다.

그들이 하는 주 업무가 세금 문제를 도와주는 일이기 때문에 믿고 의견을 나누면 된다. 과세 당국에서 경정 청구가 정당하다고 판

명되면 세액을 환급해 준다.

다운 계약서 조심해야 한다

과거 한때는 다운 계약서가 성행한 적이 있었다. 요즘은 적발 시 과중한 과태료 부과 등으로 많이 시정된 편이다. 공인중개사들도 행정 처분을 받기 때문에 꺼리는 편이고. 그래도 일부에서는 이루어지고 있고 매해 적발 건수는 생기고 있는 실정이다.

주로 매물을 파는 쪽에서 양도세를 줄일 목적으로 요구하는 경우다. 서로 간의 이해가 합치되어 다운계약서를 쓰게 된다면 세금에서도 문제가 생길 수 있다. 계약할 때 취등록세가 낮아지는 이점이 있어 혹하고 넘어갈 수가 있다.

그러나 나중에 양도소득세에서 취등록세보다 더 많은 세금을 부담해야 하는 일이 생길 수도 있다. 이는 세법 구조상 양도소득세 세율이 높기 때문이다. 만약에 매도인이 이중 계약을 조건으로 요구한다면 계약하지 않는 게 현명한 판단이다.

착오 송금 되돌려 받을 수 있나

송금하다 보면 엉뚱한 사람의 계좌로 보낸 사실을 뒤늦게 알게 되는 경우가 있을 수 있다. 참으로 난감한 일이다. 착오 송금이 발생한 경우 먼저 금융 회사를 통해 자진 반환을 요청해야 한다. 반환 송금이 되지 않으면 예금보험공사에 착오 송금 반환 지원 신청을 하면 된다.

이러한 절차를 거치지 않으면 그 대상에서 제외될 수 있다. 착오 송금 반환 금액은 우편 안내 등 모든 회수 비용을 제외한 나머지 잔액을 반환받게 된다. 착오 송금 반환지원 대상에 보이스 피싱 피해 등 신청이 안 되는 예도 있다.

그래서 지원 대상이라든가 지원 신청에 대해서는 예금보험공사에 사전에 전화 문의 후에 하면 된다.

상속과 증여 어느 쪽이 유리한가

부동산 사무실을 운영할 때 고객이 가끔 묻는 말 중 하나다. 재산을 생전에 증여하는 것과 사후에 상속하는 것 중 어느 것이 세금에 유리하냐이다. 일반적으로 볼 때 세금 부담액을 단순 비교하면 상속이 다소 유리할 수도 있다.

2023년 10월 현재로 볼 때 증여세의 경우 공제 한도가 배우자는 6억 원이고 자녀는 성년이 5천만 원, 미성년은 2천만 원이다. 이렇게 단편적으로 비교할 때는 상속세가 유리해 보이지만 때에 따라서는 증여세가 유리할 때도 있다. 세율은 복잡하고 변동될 소지가 있으므로 세무사와 상담이 요구되는 사항이다.

　부동산의 가치상승이 예상된다면 증여도 생각해 볼 수 있다. 그리고 다주택자일 경우 수년간 부담한 주택 보유세와 양도세에 상속세를 더 하게 된다면 부담이 크므로 증여하는 것이 유리할 수도 있다. 또한 부동산에 임대 소득이 있는 경우에는 따져 봐야 한다.
　소득을 자녀에게 분산하여 소득세 부담을 낮출 수 있고, 자녀의 자금출처 확보에 도움이 된다면 증여가 유리할 수도 있다. 자녀가 많은 경우에는 세금 관계를 떠나서 자녀 간 상속 분쟁을 피하는 차원에서 증여를 생각해 볼 수 있는 문제다. 이처럼 경우의 수가 다르므로 제반 사항을 고려하여 결정할 사항이다.

6

일상생활에서 돈 버는 습관 들이기

쓸데없는 낭비를 줄이는 것, 바로 그게 돈 버는 습관의 시작이다. 푼돈을 절약해 하루에 몇천 원을 아끼는 건 쉬운 일이다. 대부분 알게 모르게 쓰는, 그래서 마음만 먹으면 절약할 수 있는 푼돈이 하루에 몇만 원이 넘는 경우도 있을 수 있다.

일상생활에서 아낄 수 있는 푼돈은 곳곳에 있다. 결국 마음만 가지면 푼돈은 낭비되지 않고 모이며, 그렇게 모인 돈은 큰돈이 된다. 그렇게 돈을 모은 사람이 있었다. 우리 부동산에 들른 고객이 그랬다.

그는 조달청에서 정년퇴직 후 원주에 전원생활 터전을 잡겠다고 우리 부동산을 찾았다. 그는 조달청에 근무할 때 약간의 푼돈이라도 모이면 그 돈으로 주식을 샀다고 했다. 주로 삼성전자 주식이 많았다고 한다. 삼십몇 년간 계속된 일이라고 했다.

배당금에 높은 수익률, 엄청난 이득을 보게 되었다는 것이다. 이러한 것을 볼 때 푼돈도 낭비하지 않으면 돈 버는 습관의 생활화로 이어질 수 있는 사안이다.

삶을 단순하게 관리하라

단기적 기쁨을 추구하고 살아가는 경향이 있다. 또한 너무 남을 의식하고 살다 보니 자기의 능력 이상의 지출을 하게 되기도 한다. 돈이 많아도 자기 능력 이상으로 살게 되면 빚을 지게 될 수도 있는 문제다.

고정 지출이 늘고 마이너스 통장에 익숙해지면 늘 쪼들리기 쉽다. 연말 보너스를 기대하고 외국 여행을 간다거나, 지금 급하지도 않은 소비성 지출을 하게 되는 일도 있다. 바로 이러한 것들이 빚의 원천이 되는 것이다.

빚을 지게 되면 돈을 모을 수 없다. 생활 규모를 분수에 맞게 재조정해야 한다. 줄일 것은 줄이고 삶을 단순하게 관리할 필요가 있다. 다른 사람과 비교하면서 사는 것은 의미가 없다. 나 이외의 어느 누구도 나에게 삶의 의미를 줄 수는 없는 일이다.

모든 것은 바로 내 마음에 존재하는 것이다. 정상 궤도에 진입할 때까지는 획기적으로 줄여가며 살아야 한다. 그런 과정을 겪고 나면 나중에 그렇게 했다는 것에 대해 스스로 뿌듯함을 느끼게 될 수도 있다.

신용카드 긁기 전 유의사항

돈을 모을 계획이 있다면 신용카드를 잘라 버리라고 하는 자산가들이 있다. 그게 잘 안된다. 그렇다면 신용카드를 쓰긴 쓰되 생각해 볼 게 있다. 카드 회사에서 매월 보내 주는 이용대금 명세서를 모아 두었다가 1년 치 정도를 가지고 체크해 본다.

고정 지출과 변동 지출 등으로 나누어 파악한다. 그러면 어느 부분에서 지출을 자제해야 하고, 한눈에 들어온다. 절약해야 할 정도로 심각하다면 한도 금액을 낮추는 것도 한 방안이 될 수 있다.

카드 결제 시 가능하면 일시불로 하거나 무이자 할부로 내는 것이 경제적이지만, 할부 구매를 해야 할 사항이라면 가능한 기간을 짧게 두는 것이 좋다. 무이자 할부가 아닐 경우 수수료가 예금이자보다 월등히 높기 때문이다.

신용카드 연체로 인해 신용불량자가 되는 일도 있으니 유의해야 한다. 흔히 큰 금액을 긴 기간 갚지 않는 것만 연체라고 생각하는 경우가 많다. 단기 연체를 반복해도 신용이 나빠질 수도 있으므로 연체는 되도록 피해야 한다.

돈 쓰는 생활 습관을 고쳐라

충동구매를 자제할 필요가 있다. 돈 공부를 하면서 보게 된 책 중에는 충동구매를 자제하라는 내용이 가장 많이 언급되고 있다. 그만큼 돈 버는데 필요한 기본 사항이라는 뜻이다. 충동구매를 이기지 못하면 돈을 모으는 데 지장을 초래하게 된다.

어디엔가 쓰지 않는 물건이 분명히 있다. 하루 틈을 내서 점검해 보면 쉽게 알 수 있는 일이다. 그때 헛돈을 쓰지 않고 두었다면 지금 얼마가 남아 있을 텐데, 그런 생각 해 본 적 있을 것이다. 헛돈으로 낭비해서는 부자 될 생각은 접어 두는 게 좋다.

허세 부릴 일이 아니다. 한때 부자였다가 빈털터리가 된 사람은 돈을 적게 벌어서 그렇게 된 게 아니다. 지출을 통제하지 못했기 때문이다. 돈이 사람을 부자로 만들어 주는 게 아니라 돈 쓰는 생활 습관이 그 사람을 부자로 만들어 주게 된다.

더 늦기 전에 얼마든지 바로 잡을 수 있다. 한번 내 손에 들어온 돈은 악착같이 아끼고, 돈이 될 일은 끝까지 챙겨야겠다는 인식이 깊이 새겨져야 한다.

실천 가능한 돈의 목표 설정

처음부터 1억 원을 모으겠다는 계획을 세운다면 중간에 포기하게 되는 경우가 생기기 쉽다. 그러나 생활비에서 얼마를 줄이고 외식비에서 얼마를 줄이는 등 그렇게 약간의 돈을 모으는 성취감이 중요하다.

작은 성공을 여러 차례 이루다 보면 과정 자체를 즐기게 되고 돈을 모을 수 있는 자신감이 생기게 되는 것이다. 그러한 자신감을 몸소 경험하게 되면 이후부터는 더 큰 목표 설정을 세울 수 있게 되고 실천 가능성도 커진다.

그리하여 수입의 5%라든가 아니면 10%라든가 저축하는 힘을 얻을 수 있다. 단번에 수입액의 10%를 저축한다고 할 때는 스트레스로 작용할 수도 있겠지만, 이미 면역력이 형성된 터라 수월하게 진행될 수 있다. 경제적 자립을 할 수 있는 돈을 모으게 되면 모아 둔 돈이 또 다른 돈을 만들어 더 크게 불러 주게 된다.

건강보험료 줄이는 방법 없나

건강보험은 의료 복지 차원에서 보면 꼭 필요한 제도다. 하지만 건강보험료를 내는 측면에서 보면 너무 형평성에 어긋나게 보인다. 특히 직장 가입자와 지역가입자 간의 형평성에 문제가 많다.

2022년 9월 1일 자로 2차 개편이 이루어진 바 있으나 민원은 여전하다.

민원이 줄어들지 않고 있다는 것은, 무엇을 개편해야 하는지 그 핵심은 외면한 채 이루어지고 있다는 것과 다를 바 없다. 믿을 건 한 푼이라도 적게 내는 방법을 찾는 길밖에 없다.

가장 속 편한 것은 자녀나 직계존비속의 피부양자로 등재되어 건강보험료는 내지 않고 혜택을 보는 거다. 그렇지만 이건 어려울 수도 있다. 2023년 10월 현재 기준으로 보면 연 소득이 2,000만 원 이하로 과세 대상 사업 소득이 없어야 한다.

다음으로 생각해 볼 수 있는 게 직장 가입자로의 전환이다. 지역 가입자가 직장을 가지는 데는 여러 가지 방법이 있을 수 있다. 직장을 가질 수만 있다면 뭐라도 강구 해봐야 할 일이다. 1인 자영업자의 경우는 직원을 고용하여 직원의 보험료를 부담하게 되면 고용주가 된다.

그러면 직장 가입자로 될 수도 있다. 직장 가입자가 퇴직하면 지역가입자로 자동 전환된다. 이때 임의 계속 가입 제도라는 게 있다. 신청하면 퇴직 직전 1년간 본인이 부담한 건보료 그대로 최대

3년간 낼 수 있는 제도다.

　건보료는 금융 자산에는 부과하지 않는다. 재산이나 소득이 감소했다면 보험료 조정 신청 제도가 유용하다. 지역가입자의 건보료는 직전 연도 소득과 6월 1일 기준 보유 부동산을 기초로 산정한다. 지금도 어느 곳에선 법망을 교묘히 이용하여 혜택을 보는 지혜로운 사람이 없다고 할 수는 없을 것이다.

7

퇴직금으로 자영업을 한다면

부동산 사무실을 운영할 때 일이다. 그때 식당을 차릴 만한 곳을 찾는 고객이 있었다. 중소 기업체에서 구조조정으로 어쩔 수 없이 나오게 되었다고 했다. 시간이 지날수록 마음은 조급해지고 마땅히 할 게 없다는 거다. 그래서 칼국수 집이나 순댓국밥집이면 어느 정도 해낼 수 있겠다는 생각을 가지게 되었다고 한다.

그러한 장소를 물색하는 중이었다. 부동산 사무실을 이곳저곳 다녀 봐도 적당한 장소가 없어 애를 태우고 있었다. 그러던 중에 우리 부동산 사무실에 된장찌개를 전문으로 하던 식당이 하나 나오게 되었다. 여러 날 고심하더니 바닥 권리금을 부담해 가며 임대차 계약하기로 했다.

식당 운영에 필요한 제반 집기는 원래 하던 사람이 가져가는 조건이다. 그래서 새로 구입해야 하는 입장이다. 계약을 하던 날, 이런저런 얘기 끝에 내가 겪은 경험담이 나오게 되었다. 부동산 사무실을 개업할 때 사무실 집기를 모두 새것으로 장만했는데, 지나 놓고 보면 그럴 필요 없더라. 중고 장터에 값싸고 좋은 물건이 얼마든지 있다.

또한 직장 생활하다 사무실을 내 보니 완전 전쟁터나 다름없다는 생각이 들더라. 아침 출근할 때 독하게 한번 해 보겠다고 다짐하고 나와도 그게 잘 안 된다. 월급 생활의 그 안일한 정신이 정말 오래 가게 된다.

그로부터 보름인가 얼마가 지난 뒤였다. 식당 집기도 새것으로 들여놓고, 본인의 취향에 맞게 인테리어도 하고, 간판도 새로 달고, 된장찌개나 동태찌개 같은 찌개류 전문 식당으로 개업했다고 한다. 손님들도 북적대고 장사가 잘되는 듯해서 그런가 보다 했다. 2년이 지났는데도 겉으로 보기엔 장사가 그런대로 되는 모양이다.

자영업자의 운영 실태

어느 날 식당 운영을 그만두어야겠다며 사무실에 들렀다. 개업하고 처음 한동안은 되는 듯하더니 요즘은 그게 아니라고 했다. 앞으로 벌고 뒤로 밑지는 장사가 계속되었다고 한다. 이러지도 저러지도 못하다 부득이 결정하기에 이르렀다는 거다.

자영업이라는 것이 겉으로 보는 것처럼 만만한 게 아닌데, 참으로 딱한 노릇이다. 어저께 언론 보도에서도 지적했었다. 직장 퇴직자들이 손쉬운 창업에 뛰어들면서 한국은 전 세계에서 가장 비대한 자영업 시장을 가진 나라가 됐다고 한다.

자영업 취업자 비율이 전체 취업자의 24%로 OECD 8위다. 경제 구조가 취약한 중남미 국가들을 빼면 사실상 한국의 자영업 비율이 가장 높은 축에 속한다는 것이다.

과당. 출혈 경쟁 속에서 자영업은 낮은 생존율에 허덕이고 있다. 음식점 등 자영업이 창업 후 5년을 버티는 비율은 23%에 불과했다. 4곳 중 3곳은 5년 안에 문을 닫는다는 뜻이다. 언론 보도에서 나오는 수치보다 더 심각한 현실이 아닌가 하는 생각이 들기도 한다.

그래서 자영업을 한다면 입지 분석과 상권 분석은 필수적이다. 그 결과에 따라 어떤 업종을 할 것인지 다각적인 검토가 필요하다. 정보는 이것저것 챙긴 게 있지만, 양질의 정보를 선택하는 능력이 못 된다는 게 또한 문제다.

내 상황에 맞는지 안 맞는지 모르고 덤비게 된다. 그리고 자신이 하려고 하는 상권에서 이미 선점하고 있는 사람들이 수두룩한데,

공부가 안된 사람은 오래 못 버티고 무너지고 만다.

자영업으로 성공하려면

자영업을 할 생각이면 상당 기간 준비하고 그와 관련된 지식을 쌓아야 한다. 직장 생활하던 일과 연관성이 없다면 더욱 준비기간이 필요하다. 그런데 시간상으로 여유를 부릴 입장이 안 되니 서두르게 되는 것이다.

퇴직금과 함께 얼마 모으지 못한 자금을 전부 투자하게 된다. 어떨 때는 그것도 모자라 대출까지 받아서 전쟁터에 뛰어드는 것이다. 이미 이곳은 포화 상태인데, 그것도 탄탄한 준비와 훈련도 없이 정말 안타까운 일이다.

충분한 자본이 있는 것도 아니고, 그렇다고 다른 특별한 기술이 있는 것도 아니다. 어중간한 퇴직자들이다. 결국 무엇을 선택할 수 있겠는가. 자영업에 뛰어들 수밖에 없는 현실이다. 어쩔 수 없이 선택했다면 전투 태세로 덤벼야 할 일이지만 그 또한 만만한 일이 아니다. 직장 생활할 때의 생활 습관이 정말 오래 간다.

달리 방법이 없다. 직장 생활할 때의 습관을 180도 확 바꾸는 일이다. 악바리 체질로 전환하고, 얄팍한 자존심은 집어던져야 한다.

고객을 왕처럼 섬기는 일은 기본이다.

잘하는 음식점이라고 소문을 얻자면 하루아침에 되는 일이 아니다. 시간이 걸리기 마련이다. 개업하고 한두 해는 이를 악물고 고생할 각오를 해야 한다. 또한 개업하기 전에 철저하게 준비해야 함은 너무나 당연한 사실이다. 오직 돈과 성공만을 위해서 모든 즐거움은 포기하고, 제로 상태에서 악착같이 물고 늘어지면 가능한 일이다.

자영업으로 성공한 사례

어려움을 물리치고 열심히 노력하여 성공한 사람들도 있다. 그중에 한 예를 보면 서울 램랜드 임 사장이 있다. 그는 조선일보와의 인터뷰에서 말했다. 칠순이 되도록 비행기 한 번 타본 적 없다고 했다.

여행도 가지 않고 일군 식당은 지금도 매일 출근길이 즐겁고 퇴근길은 내일을 기대하게 한다는 것이다. 화장품 보따리 장사, 어묵팔이 등 안 해 본 허드렛일이 없다고 했다. 빚으로 램랜드 식당을 인수하고, 명절 때 말고는 쉬지 않고 달렸다는 거다.

그리하여 지금은 성공했다고 한다. 그의 바람은 지나온 고난과 감사의 기록을 책으로 내고 싶었던 것이다. 그 꿈이 이루어져 『인생학교 램랜드』라는 제목으로 책을 내게 되었다.

이 책을 읽고 독자들이 희망을 품고, 힘을 얻었으면 좋겠다고 했다.

책을 낸다는 게 쉬운 일은 아닐 텐데 정말 대단하다. 젊음을 헛되이 보내지 않고 꿈을 이루어낸 결과일 것이다.

성공한 결과에서 얻는 교훈

임 사장처럼 요즘 세상에 비행기 한번 타보지 않고 부를 쌓는 일에 그토록 열중인 사람 어디 있을까. 그것도 칠십 평생을, 더구나 여행 한번 가지 않고 맡은 일에 몰두했다니, 감탄이 절로 나온다.

그런 각오라면 어떤 일이라도 반드시 성공을 이루게 될 것이다. 못 이룰 일이 없다. 정신일도 하사불성이란 말을 생각하게 하는 교훈적 실천력이다. 그러한 과정에서 행복감을 느끼게 된다는 사실도 우리가 배워 볼 대목이다.

지금까지도 식당에 출근길이 즐겁고 퇴근길은 내일을 기대하게 한다니 정말 대단하다. 그렇듯이 먼 곳에서 행복을 찾을 일이 아니다. 목표를 달성하는 그 자체가 행복이라는 거다.

우리의 삶은 마음가짐의 문제다. 정신력이 해결의 실마리다. 이처럼 성공을 이루는 그날까지 목적지를 향해 앞만 보고 달리면 된다. 그러자면 굳은 결심은 물론이고 남다른 노력과 철저한 실천력이 뒤따라야 할 일이다.

'부자'의 책 12권, 핵심 포인트 분석 활용

돈과 부자에 관한 책 12권에서 공통분모와 키 포인트를 뽑아 분석해 봤다. 12권의 책은 저마다 특색이 있고 나타내고자 하는 의미가 각기 달라 공통분모를 뽑기에는 한계가 있었다. 그래서 두 번 이상 거론되는 것을 공통분모로 간주했다.

키 포인트는 부자와 관련된 주요 사항만을 뽑아 알기 쉽게 풀어 썼다. 이론적 내용이나 학술적 용어는 완전히 배제하고 가장 쉬운 용어와 기본적인 사항으로만 기술했다.

어떤 경우는 책 내용이 복잡하고 어렵다고 생각될 때도 있었다. 그건 학자들이 너무 학술적으로 표현해서 그런 것이라는 생각이다. 그 역시 배제했다. 경제 공부할 때 너무 학술적으로 나열된 책은 시간 허비와 싫증을 느끼게 할 수도 있다.

전체 구성으로 볼 때 3파트로 나누어서 편집하였으며 분야별로 세부 사항을 나열했다. 공통분모와 키포인트의 한계가 애매한 경우가 많다. 그래서 편집 여건상 나누지 않고 일괄 다루었다.

부자들이 말하는 돈 버는 자세 5가지

첫째, 돈은 알뜰하게 모아 현명하게 투자하라.

부를 쌓는 길은 달리 있는 게 아니다. 절약하고 버는 돈보다 적게 쓰는 단순한 방법에 있다. 적은 돈을 아끼지 않는 사람은 큰돈도 아낄 줄 모른다. 사람들은 어떻게 하면 많은 돈을 빨리 모을 수 있을까 생각한다. 그러나 돈을 모으는 비결은 현명한 지출에 있음을 알아야 한다.

일단 돈이 들어오면 헛돈 쓰는 일은 없어야 한다. 언제나 모자라는 게 돈이다. 조금 더 버느냐 덜 버느냐의 문제가 아니다. 얼마나 아끼고 준비하느냐가 훨씬 더 중요한 일이다. 어느 정도 돈을 모으게 되면 투자를 고민해 볼 수 있다.

둘째, 미루는 습관을 버려라.

성공을 이루자면 우선 자신의 습관에 대해 파악할 필요가 있다. 그럴 때 어떤 습관이 나쁜 습관인지 알 수가 있다. 하는 일에 열정이 없으면 미루는 일이 생길 수 있다. 미루는 태도는 부자가 되는 길을 가로막는다.

사람들이 부자가 되지 못하고 제자리에서 맴도는 것도 미루는 태도 때문이다. 많은 사람은 너무 나태해 부자가 되지 못한다.

미루려는 생각이 들면 일단 자리에서 일어나 다시 한번 생각해 보자. 그러다 보면 미루려 했던 생각도 사라질 수 있다. 좋은 습관을 먼저 들이는 것이 중요하다. 그러고 나서 돈을 차곡차곡 모아야 한다. 미루지 않는 습관이 부를 이루는 길임을 잊지 말라.

셋째, 독하고 모질게 실행하라.

모든 것은 마음에서부터 우러나야 가능한 일이다. 실행을 가로막는 큰 장애물은 나의 내면에 있다. 돈을 벌겠다는 목표가 설정되었다면 그 목표를 향해 독하고 모질게 실행에 몰두해야 한다. 그렇지 않고는 이루고자 하는 일 제대로 성과 보기 어렵다. 난관은 늘 존재하기 마련이다. 난관 때문에 주저앉지 말고 그것을 이겨나갈 때 부를 쌓을 수 있다.

기꺼이 난관을 헤쳐 나가면 마침내 뜻을 이룰 수 있게 된다. 두려움 때문에 망설여서는 안 된다. 해야 할 일이라고 판단되면 머뭇거리지 말고 바로 시작하라. 적극적인 실행력은 성공으로 가는 열

쉽다. 세상에 쉽게 되는 일은 없다. 끝까지 해 보겠다는 일념만이 부를 이룰 수 있는 길이다.

넷째, 자신감을 가져라.

자신감 없이는 어떤 것도 이룰 수 없다. 자신감이 있어야 주위에서 보내는 비난에 맞서 자신을 보호할 수 있게 된다. 우리는 앞으로 나아가면서 많은 장애물을 만나게 된다. 고난도 견뎌야 할 것이며 설령 넘어지더라도 다시 일어나야 한다. 꿈을 이루는 그날까지 자신감을 가지고 계속 싸워야 한다.

어떤 일을 시도하려면 도전 정신부터 갖추는 게 필요하다. 도전 정신은 나도 할 수 있다는 자신감에서 나온다. 그러자면 실패에 대한 두려움을 줄여야 한다. 다시 일어설 수 있는 자신감이 있으면 도전이 두렵지 않다. 자립심을 키워 여러 번 도전하다 보면 두려움을 줄여갈 수 있다.

다섯째, 열정으로 뛰어넘어라.

노력을 얼마만큼 했느냐에 따라 성공의 결과도 달라진다. 경쟁에서 이기고 싶다면 절대 한순간도 마음을 놓아서는 안 된다. 계속 나아가면서 자기가 가진 모든 것을 전부 쏟아부어야 한다. 그것만이 이기는 방법이다.

자기가 하는 일에 열정이 있다면 추진력이 생길 뿐만 아니라 끈질기게 도전하게 된다. 오직 열정만이 시련을 극복하는 데 도움을 줄 수 있다. 내가 잘 할 수 있고 좋아하는 일을 찾는 것이다.

우리는 불확실성 시대에 살고 있다. 믿을 수 있는 것은 자기 자신뿐이라는 것을 인식해야 한다. 결국 자신에게 얼마나 투자했는가에 따라 미래의 결과가 좌우된다.

부자의 사고방식 기르기

첫째, 분수에 맞는 생활을 하라.

일을 추진하다가 잘못된 점이 있다면 수정하고 다시 바로 잡으면 된다. 자기 분수를 깨달을 때 더 발전된 삶을 누릴 수 있다. 분수에 맞는 생활을 해야 한다. 자신의 경제 규모를 모르면서 소비 생활을 하는 것처럼 어리석은 짓은 없다.

절약한다거나 미래를 위해 현재의 즐김을 억제할 수 있는 노력이 필요하다. 부는 결국 자기 자신의 마음가짐에 관한 문제다. 현재의 욕망을 충족하며 사느냐 아니면 현재의 욕망을 참으며 미래를 위해 사느냐는 각자가 선택할 일이다.

부자의 길을 가자면 눈높이를 낮춰야 한다. 절제하고 절약하는 것만이 올바른 방법이다. 그럴 때 돈이 모이게 되고 어떤 위기에도 대처하는 힘이 생기게 된다.

둘째, 절약하고 저축하라.

돈을 모으려면 남보다 더 많이 절약하고 더 많이 저축해야 이룰 수 있다. 작은 절약도 꾸준히 실천하면 큰돈의 기반이 된다. 그러한 정신은 어렸을 때부터 습관을 들이는 게 좋다. 이것은 성공적인 인생을 사는 데 중요한 사항이 될 수 있다.

어려서부터 그런 정신을 가져야 커서도 돈을 모으는 것에 기쁨을 느끼게 된다. 그럴 때 다른 사람보다 부를 향해 한발 앞서 가게 된다. 이 습관을 기르기 위해서는 내 주변을 먼저 살펴봐야 한다. 돈을 절약하기 위해서는 헛된 곳에 돈을 쓰지 않는 것이다.

셋째, 행동을 취하라.

부를 쌓고 싶다면 먼저 내가 달라져야 한다. 모든 것은 자기 행동에 달려 있다는 사실을 이해하는 것이 중요하다. 비난을 이겨내고 자신이 이루고자 하는 것에 집중할 때 모든 것이 달라지기 시작한다. 가다가 어려움이 있더라도 중도에 포기하면 안 된다.

우리가 포기하는 것은 열정이 없어서가 아니라 각오가 부족해서

다. 중요한 것은 겁먹지 말고 행동을 취하는 마음가짐이다. 조금만 참고 계속해 보자. 부를 쌓고 싶다면 절대 포기하지 않는 자세가 중요하다.

부자들은 인생의 주요 목표를 설정하고 행동을 취한 사람들이다. 우리도 그렇게 하면 부를 쌓는 일에 한 걸음 더 다가설 수 있게 된다.

부자들이 다시 일어서는 힘

첫째, 일단 자기 두 발로 서라.

부를 쌓기 위한 일은 일찍 서두르는 게 좋다. 돈의 가치를 이해하고 부의 생태를 일찍 깨우치는 게 앞서가는 힘의 원천이다.

계획한 일은 최대한 빨리 시작해야 한다. 그래야만 어떤 일에 문제점이 있을 때 만회할 방안을 가질 수 있다. 자신의 주변을 냉정하게 돌아보고 점검도 하고 무언가 조처하게 된다.

처음부터 너무 무리한 계획은 실패할 가능성이 크다. 처음에는 실행할 수 있는 쉬운 계획을 짜는 것도 방법이다. 그러다가 탄력이 붙었을 때 점차 높여서 전략을 수립하면 된다. 즉 한 번에 이루겠다는 욕심을 내면 정신적으로 큰 부담으로 남게 된다.

늘 해 보던 관습이 있으므로 소비를 한 번에 크게 줄이기는 어렵다. 서서히 줄여 나가면서 저축을 늘리는 방법을 찾아야 한다.

둘째, 얼마나 많은 기회를 흘려보냈는가.

한번 찾아온 기회를 놓치지 않으려면 그것을 나에게 온 기회라는 인식을 가질 수 있어야 한다. 행동을 취할 때는 완벽해지려는 것보다 빠른 게 더 유리하다. 완벽해지려고 노력하다 보면 행동이 느려지게 된다. 완벽한 조건이 갖춰질 때까지 기다려서는 어렵다.

곧바로 서둘러 행동을 취해야 한다. 자신에게 없는 것에 집중하기보다는 가진 것에 집중해서 그것을 최대한 활용해야 한다. 하다 보면 실패할 수도 있는 문제다. 부를 이루려면 실패하더라도 다시 일어날 수 있는 결단력이 필요하다.

사람이 하는 일에 패배는 있을 수 있는 일이다. 실패를 통해 지속해서 배우면서 자기를 개선해야 한다. 무엇이든 단번에 이루고자 해서는 어렵다. 전략을 짜고 추진 계획을 세워야 한다.

셋째, 항상 준비하라.

나중에 돈이 생기면 그때 저축이나 투자를 생각해 보겠다는 사람들이 있다. 그때 정작 돈이 생겼을 때는 체계적으로 돈을 활용하는 데 어려움을 겪는 경우를 보게 된다. 적은 돈이라도 알뜰하게 관리하는 사람이 큰돈도 제대로 관리하게 되는 것이다.

　지금 큰돈이 없다는 이유로 자산 관리를 등한히 하면 안 된다. 그럴 때일수록 더더욱 자산 관리가 요구된다. 부를 쌓아야겠다고 다짐할 때 먼저 해야 할 일이 돈에 대한 목표 설정과 이행 방안이다. 언제까지 얼마를 모으겠다는 목표가 있어야 무엇을 어떻게 하겠다는 방안이 나올 수 있는 것이다.

12권의 책들은 이러하다

『김과장! 이렇게 벌어 오너가 되어라』, 차문현, 신상훈, 시사저널사, 2022.

『당신의 가난을 경영하라』, 김광주, 원앤원북스, 2014.

『돈에 걸려 비틀거리지 않는 삶의 7원칙』, 권광영, 석세스파트너, 2007.

『문제는 경제다』, 선대인, 웅진지식하우스, 2012.

『부의 잠언』, 리처드 템플러, 이문희 옮김, 세종서적, 2014.

『부자들의 생각법』, 하노 벡, 배명자 옮김, 갤리온, 2014.

『부자 습관 가난한 습관』, 톰 콜리, 마이클 아드니, 최은아 옮김, 한국경제신문, 2022.

『빈손으로 해도 돈이 따라올 거야』, 펠릭스 데니스, 장호연 옮김, 위즈덤 하우스, 2021.

『심리 계좌』, 이지영, 살림출판사, 2012.

『억만장자 시크릿』, 라파엘 배지아그, 박선령 옮김, 토네이도, 2020.

『은퇴 부자들』, 고준석, 흐름출판, 2014.

『10년 후를 기획하라』, 김규, 국일미디어, 2006.

책에서 가장 많이 언급된 인물

부를 쌓는 일이나 돈 얘기에 으레 나오는 인물이 있다. 워런 버핏이다. 책에서 가장 많이 언급되고 인용되는 인물 중 하나다. 그에 못지않게 등장하는 인물로 빌 게이츠가 있다. 이유가 무엇일까. 워런 버핏과 빌 게이츠는 세계적 자산가다.

그들은 주경야독으로 가난을 극복하고 크게 성공한 인물이다. 어려운 가운데서도 항상 책을 가까이했고 오직 부를 쌓는 일에 열중했다. 끈기와 집념으로 목표 달성을 이루어낸 인물들이다. 가진 것 없는 맨 주먹이지만 오직 열정 하나만으로 부를 일궈낸 것이다.

명확한 목표를 설정하고 그 목표 하나에만 전념한 결과다. 이렇게 열정적으로 삶을 살았던 사람들이 바로 성공할 수 있다는 점이다. 우리가 본받을 일은 바로 그 정신이다. 자신을 스스로 굳게 믿고 다짐하기를 바라는 바다. 분명 나도 할 수 있다. 하면 된다. 마음가짐에 달린 문제다. 명심하라. 선택은 자기 자신이 스스로 하는 거다.

부자와 관련된 책을 정리하며 느낀 점

부자와 관련된 책을 살펴봤다. 그러나 특별한 비법이라기보다는 일반적인 사항이라고 할 수 있다. 우리 모두 알 수 있는 그저 평범한 내용들이다. 남다른 비법이나 왕도는 없다. 여기서 내 의지로 도저히 할 수 없는 사항은 아마 없을 것이다.

알뜰하게 돈을 모아라든가, 미루지 말고 독하게 실행하라든가 그리고 부채를 줄이고 미래를 대비하라든가, 또한 자신감을 가지고 열정적으로 하라는 그저 일반적인 사항이다. 어딜 봐도 어려운 것은 없다.

그러나 한 가지 간과해서는 안 되는 일이 있다. 부자들이 말하는 그 이면에는 그들만의 피나는 노력이 있었다는 것을 잊어서는 안 된다. 겉으로 말하는 것은 그저 단순한 이론적 표현일 수밖에 없다.

우리가 가까운 예를 접하는 경우가 있을 것이다. 예컨대, 금년도 수능 상위권 자라든가 대학 입시 고득점자들의 합격 수기다. 그들은 학교 수업에 충실했다. 스스로 공부하는 습관을 들이고 학업에 매진했다. 또는 성실하게 열심히 하면 마침내 이루어지게 된다고 말하고 있다.

정말 그게 전부였을까. 그건 절대 아니다. 그렇게 되기까진 눈물 겹도록 집요한 몰입과 빈틈없는 추진이 우수한 성적을 이루어낸 것이다. 그렇듯 부자들이 얘기하는 그 이면에는 눈물겹도록 피나는 노력과 죽기 살기로 오직 그것에만 매달리는 일상생활이 있었다.

이제 어느 정도 기본 개념은 이해되었으리라 본다. 여기서는 경제, 금융 공부를 위한 기본 개념에 중점을 두었다. 그래서 보다 더 깊이 있는 것을 바라거나 이론적, 학술적 검토가 필요할 수도 있을 것이다. 그럴 경우 별도로 관련 책들을 구입하면 큰 도움이 될 수 있다.

내가 해야 할 일은 무엇인가

지나온 날을 한번 깊이 있게 되새겨 보자. 그러면 내가 얼마나 대책 없이 살아왔는가, 느낌이 들 때도 있을 것이다. 성공한 사람들이 어떻게 했는지 살펴보고 나도 하면 된다. 그들의 일관된 생활 패턴과 주장은 다른 데 있지 않다.

오직 피나는 노력과 치밀한 계획을 추진하며 살아왔기에 남들보다 앞서가고 있을 뿐이다. 부를 쌓기로 마음먹었다면 나도 한번 그렇게 해 볼 마음의 자세부터 가져야 한다. 지금이라도 하면 된다. 절대 어려운 일이 아니다. 내가 해보겠다는 의지의 문제다.

　부자와 관련된 책에서 뽑아 본 공통분모와 키 포인트는 가장 기본적인 사항이다. 이 중에서 몇 가지라도 착실히 이행하여 내 것으로 생활화하면 성공에 한발 앞서게 된다. 그런 후 점차 범위를 넓혀 전체적인 사항으로까지 내 생활과 궤를 같이한다면 나도 부자 대열에 함께 하는 날이 오고야 말 것이다.

직접 경험한 '원하는 일을 지속하는 힘'

'오늘 하루만은'이라는 프로그램을 활용하여 원하는 일을 지속하는 성과를 본 적 있었다. 그것을 하게 된 계기는 이러하다.

공인중개사 사무실을 운영할 때 취업 준비생이 우리 사무실에 들렀다. 그가 원주에서 공부할 수 있는 조용한 원룸을 하나 얻겠다고 해서 여러 곳을 다닌 끝에 알맞은 집을 구해 주게 되었다.

그 후 2년을 조금 넘게 공부하더니 원주 혁신도시 내 공기업에 취업이 되었다고 했다. 그가 합격한 이유는 여러 가지가 있겠지만 그중 마음에 드는 한 가지가 있기에 한번 살펴보기로 했다. 그는 마음을 다잡는 방법으로 '오늘 하루만은'이라는 문구를 활용했다는 것이다. '오늘 하루만은'이라는 프로그램은 약 반세기 전 시빌 패트릭이 작성한 것으로 데일 카네기의 저서 『힐링의 힘』에도 그 내용이 실려 있다.

그 내용을 보면 "첫 번째, 오늘 하루만은 나는 행복한 마음을 갖겠다. 행복은 안에서 나온다. 외부 환경의 문제가 아니다." 두 번째, 세 번째, 연이어 그렇게 오늘 하루만은 어떻게 하겠다고 열 번째까지 계속 이어져 간다.

그러한 사실들을 매일 반복해서 눈에 익히면 활기찬 하루를 보낼 수 있게 된다는 의미다. 또한 이루고자 하는 일에 한 걸음 더 바짝 다가서게 되는 것이다. 취업 준비생인 그는 이러한 사실에 착안하여 내가 필요로 하는 것으로 내 실정에 맞게 재작성하여 활용했다고 한다.

원하는 일을 지속할 수 있다

그는 재작성된 내용을 코팅하여 책상 앞에, 화장실에, 식탁 옆 벽면에 붙여 두고 마음을 다잡았다는 것이다. 효과가 대단히 좋았다고 했다.

단순한 것 같지만 그게 아니라는 거다. 항상 볼 수 있는 곳에 두고 매 시간 반복적으로 접하게 되니 그에 관한 생각이 집중된다고 했다. 흐트러진 내 생각들을 묶어두는 효과가 있다는 의미다. 또한 내가 무엇을 해야 할 것인지 우선순위가 명확해지는 점도 있다.

지속해서 집중할 수 있을 정도로 분명하고 확실한 방법이 될 수 있다는 것이다. 내가 바라는 바를 지속해서 해 보겠다면 활용해 볼 수 있는 문제다. 우리의 뇌는 반복적으로 인식시키면 세뇌당하는 경향이 있다.

이러한 작은 변화가 분명 내 삶과 미래에 발전을 가져오게 된다. 모든 일에 적극성을 띠면 자기 스스로도 자신감과 활력이 생기게 될 것이다. 무슨 일이든 일단 해 보면 생각보다 훨씬 쉽고 재미있다는 것을 알 수 있다. 내가 생각하지 못했던 것을 얻을 때가 있다. 망설임보다는 도전, 소극적 태도보다는 적극적 태도가 바람직하다.

즉 '오늘 하루만은'이라는 것은 내가 바라는 바를 계속 이어가겠다는 의지의 표현이다. 결국 언제까지나 오늘 하루로 이어지는 우리의 일상이기 때문이다. 그렇게 함으로써 내가 원하는 일을 지속해서 하는 힘이 생기게 된다.

오늘 하루만은 스스로 실천해 보기

그렇다면 나도 한번 내 취지에 맞게 '오늘 하루만은'을 작성해서 활용해 볼 수 있는 문제다. 굳이 10가지가 아니더라도 상관없다. 3가지든 5가지든 필요한 만큼 작성하면 될 일이다. 그리하여 흐트러진 마음을 다잡고, 내가 바라는 의미 있는 오늘을 보낼 수 있게 되는 일 아니겠는가.

그래서 '오늘 하루만은'이라는 프로그램을 활용하여 봤다. 오늘 하루만은 무엇을 해 보겠다는 5가지를 작성하여 코팅했다. 잘 보이는 곳에 두고 지속해서 실천 중이다. 생각보다 큰 효과가 있는 프로그램이다.

내가 이루어내고자 하는 일, 그 일에 집중하는 것에 중요한 의미가 있다. 경제, 금융 공부 역시 마찬가지다. 해 보겠다는 다짐이 생겼다면 미루지 말고 계속 그 다짐으로 이어져 가면 되는 일이다. '오늘 하루만은'이라는 프로그램을 나에게 맞게 재작성하여 생활화하면 가능한 일이 될 수도 있다.

끝까지 한번 해 보겠다는 다짐 그것은 포기할 수 없는, 바로 내가 해야 할 나의 일이다. 나 자신은 그동안 어떤 것을 마음 다잡고 끝까지 해낸 경험이 있는가.

독일의 시인 괴테가 말하기를 "꿈을 품고 뭔가를 할 수 있다면 그것을 시작하라. 새로운 일을 시작하는 용기 속에 당신의 천재성과 능력과 기적이 모두 숨어 있다."고 했다. 그러하듯 오늘 하루,

이것만은 꼭 한번 해 보겠다는 그런 정도의 각오가 필요하다.

하루하루 목표를 향해 나아가는 자체가 행복이라는 것을 느낄 때까지 한번 해 보는 거다. '오늘 하루만은', 또 날이 새면 '오늘 하루만은', 그리하여 끝까지 '오늘 하루만은'으로 이어지게 되는 것이다.

제5장

공부의 성과로
삶의 비전 바로 세우기

$\underline{1}$

부자가 되는 최적의 길을 찾아서

부자가 되는 것은 모든 사람의 공통된 소망이랄 수 있다. 우리가 생각하기에 부자라면 뭔가 대단한 게 있을 것 같다. 그렇지 않다는 게 학자나 부자들의 견해다. 부자들이 성공에 이르는 습관은 특별한 것에 있지 않다.

부자들의 성공 습관을 들여다보고 나의 가르침으로 삼는 것도 지혜로운 삶이 될 수 있다. 우리나라 전년 대비 가장 많은 수익을 올린 기업을 보면 한국 화이자 제약사다. 그리고 전년 대비 가장 많은 매장 수가 증가한 곳은 스타벅스다. 모두 미국 기업의 국내 진출 기업이다.

그들의 성공 이면에는 남다른 노력과 실천이 있었다. 미국 화이자 제약사는 2019년 코로나가 시작될 무렵, 발 빠르게 연구진을 대폭 늘리고 백신 개발에 온 힘을 쏟았다. 기회를 포착할 줄 알았고 그 기회를 놓치지 않고 내 것으로 활용했던 것이다. 예측이 현실이 됐다. 백신 개발에 성공했다.

코로나 백신 판매로 제약회사 역사상 최대 실적을 기록했다. 코로나가 전 세계적 재앙이지만 최소한 이 기업에는 호재 중의 호재였던 셈이다. 당연히 화이자 제약사 최고 경영자와 임원진은 돈방석에 앉게 되었다.

전 세계 의약품 매출 1위 자리를 차지했다. 이에 따라 미국 증시의 화이자 주가도 올 한해 빠르게 올랐다. 미국 화이자 덕분에 한국화이자 역시 작년 매출 호조를 보였다. 지난해 국내 진출한 글로벌 제약사 중에서 가장 많은 연 매출을 올렸다고 한다.

스타벅스의 국내 진출과 번영

세계 최대 커피 전문점 스타벅스 회장 하워드 슐츠는 커피의 새로운 역사를 창조한 인물이다. 그는 뉴욕 빈민가에서 태어나 커피 제조기 판매원으로 일했다. 그러다 스타벅스 매장을 처음 찾아 가게 되었고, 그곳에서 커피에 매료되었다고 한다.

그 후 투자자들의 도움과 함께 스타벅스를 매입하게 되었다. 그는 스타벅스를 단순히 커피만 파는 공간이 아니라 즐거운 대화를 나눌 수 있는 공간으로 만들기 시작했다. 그렇게 승승장구했다.

그래서 전 세계적으로 매장 수를 늘려 가기에 이르렀다. 대부분의 매장은 미국에 있지만 우리나라도 세계에서 4위권에 해당될 정도로 매장 수가 많다.

스타벅스는 우리나라에서 가장 많이 찾는 커피 프랜차이즈다. 국내에서 꾸준히 늘고 있고 높은 실적 덕분에 매장이 자꾸 늘어나고 있다. 중심 상권이나 유동 인구가 많은 역세권이나, 대형아파트 단지에 많이 있다.

이처럼 화이자 제약사 알버트 불라 회장이나 스타벅스 하워드 슐츠 회장을 볼 때, 그들은 돈 관리를 넘어 삶 전체를 관리해 왔다는 것을 느낄 수 있다. 그렇다면 그들이 성공하게 된 공통점이 무엇인지 살펴볼 필요가 있다.

첫째, 시간 관리가 남달랐다.

그들이나 우리 모두에게 주어진 시간은 하루 24시간으로 똑같다. 다만 차이는 시간의 양이 아니라 시간 관리의 방법이다. 그들은 독서를 하거나 자기 삶을 성공으로 이끌 수 있는 일을 해 왔다. 그렇다면 나는 어땠을까. 대부분 시간을 텔레비전이나 휴대폰 서

핑을 즐기며 귀중한 시간을 허비하지는 않았는지.

독일의 철학자 쇼펜하우어가 말하기를 "평범한 사람은 단지 어떻게 시간을 보낼까를 생각하지만, 지혜로운 사람은 그 시간을 이용하려고 노력한다."라고 했다. 그렇다. 우선 편한 것만 찾는 것은 아닌지, 깊이 생각해 봐야 할 일이다.

둘째, 돈 벌 기회를 놓치지 않았다.

월급으로 만족하는 사람이 돈 벌 기회를 못 잡는 이유는 미지근한 사고 때문일 것이다. 그러나 그들은 그에 만족하지 않고 그것을 뛰어넘을 정도로 공부하고, 투자했다. 기회를 놓치지 않고 부단히 노력한 결과다.

미지근한 생활 태도로는 경쟁 사회에서 뒤처질 수밖에 없다. 경쟁에서 뒤처지지 않으려면 정신 차려야 대처할 수 있는 게 오늘날의 현실이다. 기회는 지금 하고자 하는 일에서 찾을 수 있다. 언제 어디에서 무엇을 하더라도 삶의 목표가 뚜렷하다면 기회를 잡을 수 있다. 목표 의식이 없거나 게으르다면 기회가 기회인 줄 모르고 멍청하게 보내게 된다.

셋째, 머뭇거리지 않고 전진했다.

그들은 매일 조금씩 나아지는 것을 목표로 했다. 매일 개선해 나아가다 보면 크나큰 우위를 확보하게 되는 것이다. 어쩌면 내가 하고 있는 일이 문제가 아니라 하는 방식이 문제일 수도 있다.

그저 쉬운 일에 머물기만 한다면 그저 그런 인생으로 끝나고 만다. 내가 가야 할 길이라고 결정이 되었다면 머뭇거리지 말고 전심전력을 기울여야 한다. 일하는 것, 살아가는 것, 모든 문제가 다 그렇다. 그것은 생각의 문제가 아니라 행동의 문제다. 항상 준비하고 열심히 뛰는 사람만이 성공했다는 사실, 명심해야 한다.

넷째, 긍정적 마인드를 지녔다.

그들은 낙관론자가 승리할 것이라는 믿음이 강했다. 내일은 오늘보다 더 나아질 것이라 믿고 묵묵히 일하고 투자했던 것이다. 내가 이걸 하면 될까. 이런 부정적인 생각은 결코 도움이 되지 못한다. 나 자신의 발목을 잡고 있는 부정적인 생각들은 벗어던지고 더 큰 비전을 품기를 바라는 마음이다.

이상에서와 같이 우리나라 전년 대비 가장 많은 수익을 올린 기업과 전년 대비 가장 많은 매장 수의 증가세를 보인 기업들의 성공 요인을 살펴봤다. 누구나 실천할 수 있는 평범한 것이다. 나도 마음만 가지면 언제라도 할 수 있는 일이다.

다시 한번 요약하면 남다른 시간 관리, 기회를 놓치지 않는 부단한 노력, 머뭇거리지 않고 전심전력을 다하는 용기, 그리고 긍정적 마인드다. 꿈을 현실화하기 위해서는 생활 속에서 하나하나 실천해 나가는 것이 더없이 중요하다.

부자의 체질은 타고난 것이 아니다. 부자가 되기 위한 노력과 실천을 통해 부자로 거듭날 수 있는 것이다. 삶은 우리를 지배하고 있는 생각, 그 생각에 따라간다는 심리학자들의 견해도 있다.

2

돈과 오지랖의 상관관계에 대한 고찰

공인중개사 사무실을 운영할 때 일이다. 가끔 우리 사무실에 들러 이런저런 얘기를 하고 가는 사람이 있었다. 공인중개사도 아니고 그렇다고 중개보조원도 아니다. 어디에 소속된 중개인도 아니면서 그의 수첩엔 부동산 중개 대상 물건이 빼곡했다.

별다른 직업도 없고 단지 부동산 중개를 거들면서 벌이하는 듯했다. 그러니까 주로 토지를 거래하는데 매도인의 물건을 필요한 사람에게 흥정을 붙이는 일이다. 공인중개사나 중개보조원을 이용하기도 하고 수완이 보통이 아니다.

그렇다고 사무실이 있는 것도 아니고 그저 인맥으로 연결하여 거래를 성사시키는 듯했다. 거기서 일정 금액을 수고비로 챙기는 형태다. 공인중개사 자격증이 없다뿐이지 토지거래 능력은 탁월했다.

그런 사람을 떡방 아저씨라 불렀는데 그보다는 프리랜서 중개인이나 프리랜서 브로커라 해야 할 것 같다. 말솜씨도 구수하고 친근감이 있다. 우리 사무실에 몇 번 들렀다. 그 사이에 오래전 알고 지내던 사람처럼 거리감 없게 사근사근하고 호탕스럽다. 그 솜씨가 대단하다.

오지랖의 일반적 사항

아마 그는 나처럼 사무적인 태도쯤은 능란하게 대하는 수법이 따로 있는 것 같다. 한마디로 표현하자면 오지랖이 넓다고 할 수 있다. 그의 넉살스러움은 여러모로 배울 점이 많다. 또 이런 느낌을 받기고 했다.

오지랖이 넓어야 인간관계가 부드러워지는 게 아닌가 하는 거다. 부동산 거래에는 더더욱 그럴 것 같다. 그러나 일반적으로 오지랖이라 하면 부정적으로 많이 쓰이는 편이다.

오지랖의 원래 뜻은 윗옷이나 윗도리에 입는 겉옷의 앞자락을 말한다. 앞자락이 넓으면 다른 옷을 겹으로 감싸게 된다. 곧 마땅히 해야 할 일이 아닌데도 침범하여 주제넘게 참견하는 행위에 오지랖이 넓다는 표현이 쓰이고 있다.

그렇다면 돈과 오지랖의 상관관계는 어떠할까. 일상생활에서는 같은 오지랖이라도 성공한 사람이 하면 조언으로 받아들여지고, 그렇지 않은 사람이 하는 경우는 참견으로 비칠 수도 있는 것이다.

또한 호감을 느끼는 사람이 간섭을 해주면 도와주는 것으로 인식할 수 있지만, 그렇지 않은 사람이 간섭하면 오지랖이 넓다고 느끼게 될 수도 있다.

이와 같은 맥락에서 본다면 우리 사무실에 자주 들르는 프리랜서 중개인의 오지랖은 친절의 대화법이자 상술의 무기다. 사무실을 개업할 때 공인중개사 선배들이 충고하기를 부동산 사업을 하겠다면 쓸개를 빼놓고 출근해야 한다고 했다.

자존심 같은 건 걷어치우고 고객을 대하라는 의미다. 그렇게 몸소 실천하는 형태가 바로 우리 사무실에 가끔 오는 프리랜서 중개인이 하고 있는 자세라 할 수 있다.

결국은 그렇게 해야만 중개 수고비를 챙길 수 있게 되는 것이다. 돈을 위해서는 쓸개를 빼놓고 대할 정도로 해야 한다는 것은 오지랖이 넓어야 한다는 뜻과 일맥상통하는 면이 있다.

돈과 오지랖의 상관관계

　우리나라 속담에 타인지연 왈리왈률(他人之宴 曰梨曰栗)이란 말이 있다. 남의 잔치에 배 놓아라 밤 놓아라 한다는 뜻으로 쓸데없이 참견한다는 의미다. 옛날부터 오지랖 넓은 것은 부정적으로 인식됐다고 볼 수 있다. 그러나 돈에 대해서는 생각해 볼 여지가 있다.

　고상한 척 뒷짐 지고 있으면 돈이 싫어하고 붙질 않는다. 돈의 속성에서 보다시피 돈을 위해 오지랖 넓게 친근감으로 대하여야 돈이 붙게 되는 것이다. 돈은 돈을 가지려는 자가 비굴한가 비굴하지 않은가는 구별할 줄 모른다. 오직 자기 자신, 바로 돈만을 위하는 마음이 있는가 없는가에 따라 움직이게 된다.

　그것을 정확히 인식하고 있는 프리랜서 중개인의 경우라 할 수 있다. 그것 말고는 달리 방법이 없다는 절박감이 오지랖이 넓은 것으로 생활화되었을 것이다. 프리랜서 중개인이 초보 공인중개사보다 더 많은 중개 수수료 수입을 올리는 일은 오지랖이 넓기 때문일 수도 있다.

　이처럼 일상생활에서 오지랖은 좀 넓을 필요가 있지 않을까 싶다. 더구나 돈에 대해서는 오지랖이 넓어야 하는 시대가 오늘날의 현실인 듯하다. 자영업을 하든 창업하든 다 돈을 벌기 위한 수단일

진대, 오지랖을 넓혀 돈이 붙게 해야 할 일이다.

　돈 공부에 오지랖을 곁들인다면 그게 다름 아닌 돈도 벌고 대인 관계도 좋게 하는 금상첨화의 길이 될 수 있다.

$$3$$

애초부터 안 되는 건 없다

젊어서는 바쁜 중에도 영화관을 몇 번 가 본 적 있었다. 요즘은 시간이 있어도 가 보고 싶은 생각 별로 없다. 그런데 3D 입체 영화라면 생각이 다르다. 그래서 3D 입체 영화 〈아바타〉를 영화관에 가서 봤다. 규모가 웅대하고 입체 영상의 재미가 있었다. 평론가들이 역사에 새로운 획을 그은 작품이라고 극찬을 한 작품이기도 하다.

아바타 2편은 상영시간이 무려 3시간이 넘는다. 바닷속 장면이 주를 이루었는데, 숨 막히게 펼쳐지는 장면들이 쉴새 없이 이어졌다. 그리하여 아바타가 완전 코앞에 있는 것처럼 입체 영화에 푹 빠져들었다. 중간에 쉬는 시간 없이 3시간을 훌쩍 넘겼다.

그런데도 완전히 그곳에 묻혀 일체감이 되고 만다. 나도 모르게 3차원 영상에 몰입하게 된 것이다. 이걸 무아지경이라고 해야 하

나. 나와 영화의 경계가 사라진다고 해야 하나. 여기서 느낄 수 있는 게 한 가지 있다.

내가 좋아서 하는 일에는 자신도 모르게 빠져들게 된다는 사실이다. 흥미가 없는 일이거나 좋지 않은 감정으로야 그렇게 될 리는 없을 것이다.

몰입 정신으로 대처하라

경제 공부라고 해서 다를 바 있을까. 푹 빠지면 되는 마음먹기에 달린 문제다. 미국의 과학자 알렉산더 그레이엄 벨은 말하기를 "당신이 하는 일에 온 정신을 집중하라. 햇빛은 한 초점에 모일 때 그때만 불꽃을 내는 법이다."라고 했다. 그는 실용적인 전화기의 발명가다. 어떤 일이든 집중하고 몰두하는 정신이 발명가로서의 업적을 이루어 낸 것이다.

한곳에 집중하는 생활 습관을 지닌다면 애초부터 안 되는 건 없다. 그래도 생각했던 일을 추진하다 보면 수많은 도전이 뒤따를 수도 있다.

그 과정에서 어떤 사람은 성공하는 예도 있고 어떤 사람은 실패로 이어지는 일도 있다. 그러한 실패의 주된 원인을 살펴볼 필요가 있다. 그게 다 어떤 일에 푹 빠져 볼 수 있는 몰입 정신의 부족함에 있을 수도 있는 문제다.

돈 공부든 무엇이든 해서 안 되는 건 없다. 포기하지 않고 다시 몰입 정신으로 일어설 수 있느냐의 문제다.

하면 된다, 안 되는 건 없다

포기하고 물러서는 미지근한 태도를 그 무엇보다 경계해야 할 일이다. 많은 사람은 실패를 두려워하지만 실패 그 자체가 두려운 것은 아니다. 그로 인해 좌절 상태에서 헤어 나오지 못함이 더 큰 두려움이다.

이러하듯 경제 공부에 있어 정작 중요한 것은 실패를 두려워하지 않는 마음의 문제다. 경제 공부를 하다 보면 시들해지거나 그만두고 싶은 마음이 생길 수도 있다.

이럴 때 대처할 수 있는 몰입 정신이 있느냐 없느냐의 문제는 오로지 내 의지에 달려 있다. 경제 공부를 하겠다는 감정이 쌓이면 집중력으로 이어지고 그 집중력이 몰입을 불러오게 된다.

훗날 우리는 실패했던 일보다는 시도하지 않았던 것을 더 후회하게 될지도 모른다. 해 보지 못했던 일의 후회는 평생 따라다니는 멍에가 될 수 있다.

지금 다시 한번 경제 공부 실행을 서둘러 보자. 그리하여 제5장의 '경제를 만난 후 내 삶에 달라진 점'보다 더 많은 성과 있기를 바라는 마음이다.

3D 입체 영화에 빠질 때와 같은 몰입 정신으로 한번 해 보겠다는 굳은 결심, 바로 이러한 마음의 문제다. 아무도 대신할 수 없는 내 인생, 우리는 과거도 미래도 아닌 오늘, 지금을 살아가는 인생이다. 하면 된다. 몰입 정신이 있다면, 이 세상 어디에도 애초에 안되는 건 없다.

4

행복의 본질은 결국 돈이다

돈, 모두의 관심이자 가장 갖고 싶은 대상이 아닐까 싶다. 돈이
란 과연 무엇이기에 누군가의 인생을 좌우하는 것일까. 지난해 조
선일보에서 이런 기사를 본 적 있었다. 베이조스 등 억만장자 투자
줄 잇는 '회춘 산업'이라는 기사다.

회춘 산업은 억만장자들의 관심을 받으며 급격히 성장하고 있다
고 했다. 미국의 억만장자 제프 베이조스가 회춘 기술에 뛰어들어
글로벌 바이오 업계의 스타 학자들을 영입해 화제가 됐다.

또 다른 미국의 억만장자 브라이언 존슨은 회춘을 목표로 자신
의 몸을 18세처럼 되돌리겠다고 거액을 들이고 있다고 한다. 여기
서 생각해 볼 게 있다. 회춘을 얘기하자는 게 아니다. 돈과 행복의
연관성을 얘기해 보자는 것이다.

억만장자들처럼 돈이 너무 많은 경우, 그들은 돈의 필요성보다

어쩌면 좀 더 젊어질 수 있나에 관심을 갖게 된 이유랄 수 있다.

돈이 많은 사람들의 관념

돈이 너무 많아 어느 단계를 넘어 버리면 더 이상 만족감을 주지 못한다는 학자들의 견해도 있다. 다시 말하면 돈은 행복이라는 개념이 깨져 버리고 만다. 돈이 너무 많은 사람에게는 몇억 원을 보태 준들 큰 의미가 없다.

그런 사람들이 흔히 얘기하는 말, 돈과 행복은 비례하는 것이 아니라고. 그렇게 말을 할 수 있는 건 돈이 많아 이미 돈의 의미가 없는 사람들의 얘기임을 알아야 한다. 그걸 믿으면 될 일이 아니다.

경우에 따라서는 돈이 행복을 보장하는 것은 아니라거나 돈이 인생의 전부가 아니라는 둥 부정적인 말을 들을 때가 있다. 주위를 살펴보면 돈이 없어서 불행한 사람들을 너무도 쉽게 볼 수 있는 현실 아닌가.

가난은 단지 돈이 없는 상태가 아니라 자존감이라든가 안전의 결핍 등을 아우르는 총체적 개념이다. 오늘을 사는 서민들이야 돈이 많으면 그만큼 행복감도 넓어지기 마련이다.

더 중요한 것은 돈이 많으면 선택의 폭이 넓어지는 것뿐만 아니라 할 수 있는 일도 더 많아진다는 사실이다. 더불어 꿈을 꾸고 그 꿈을 실현할 수도 있는 것이다. 물론 반박의 여지가 없는 것은 아닐 것이다.

불행의 단초는 어디에 있나

이제 돈이 없는 사람들을 한번 보기로 하자. 가난한 나라, 아시아에 왕조 국가 부탄이 있다. 부탄 국민은 가난하지만 행복 지수 1위라는 나라다. 2011년에 유럽 경제재단에서 국가 행복 조사 자료를 통해 부탄을 세계에서 가장 행복한 나라 1위로 발표했다.

그래서 관심 있는 세계의 지식인들이 행복의 비결을 찾기 위해 부탄 방문에 줄을 이었다. 돈이 없어도 행복해질 수 있다는 얘기만 나오면 부탄을 떠 올리는 경우가 됐다.

그로부터 10여 년의 세월이 흘렀다. 지금은 어떨까. 최근의 발표에 의하면 부탄의 행복지수는 156개국 중에서 중위권으로 밀려났다고 한다. 1위였던 국가가 몇 단계 내려간 것도 아니고 그렇게나 내려가다니.

그 이유가 궁금하다. 많은 학자의 공통된 의견이 흥미롭다. 인터넷이 발달하면서 점차 달라져 갔다고 했다. 시야가 넓어진 부탄 사람들은 잘 사는 나라의 사람들과 자신을 비교하기에 이르렀다.

과거에는 비교 대상이 없었기에 자기 삶에 만족했던 국민이다. 이제는 가난함을 알게 된 것이다.

본인이 가난하다는 것을 느끼는 자체가 곧 불행의 단초가 되는 것이다. 상황이 바뀐 것은 하나도 없는데 단지 비교 때문에 더 이상 행복하지 않게 된 것이다. 많은 것을 느끼게 하는 대목이다.

비교심리가 피곤하게 만든다

부탄 국민이 느끼는 행복의 개념으로 볼 때, 돈이 없어도 비교 대상만 없다면 행복해질 가능성은 있다는 뜻이다. 가능성은 있지만 그렇게 되기엔 많은 제약이 뒤따르게 된다. 돈 없어도 행복한 사람들, 그건 모든 게 없는 사람들로 이루어진 테두리 안에서의 일이다.

텔레비전이 있고, 인터넷이 있고, 또 스마트폰 등 정보가 난무하고 있는데, 지금은 글로벌 시대가 아닌가. 문제는 그곳에 있다.

종교에 귀의하여 득도한 사람이 아니라면 초연해지기 어려운 일이다. 다시 한번 생각해 보자. 채워지지도 않는 욕망을 남들과 비교하면서 불행해지고 있는 것은 아닌지. 따져 보면 행복은 내가 사는 내 주변과의 문제다.

행복은 상대적 성격을 띠고 있다. 일반적으로 주변의 다른 사람보다 더 행복하기를 바라는 것이다. 그게 비교심리에서 오는 현상이다. 비교심리 때문에 불행을 느끼게 된다. 다른 사람을 의식하게 되니 더 피곤하게 되는 것이다.

돈 공부가 답이다

지난겨울, TV 뉴스에서 달동네 할머니가 행복에 겨워하는 모습을 본 적 있었다. 자원봉사 단체에서 연탄을 무료로 배달해 줬다. 겨울을 춥지 않게 보낼 수 있다고 연신 행복해하는 모습이다. 할머니의 행복감은 겨울이 다 가도록 이어질까.

짐작건대 그렇지 않을 수도 있다. 아랫목이 따스하면 더 좋은 이부자리 욕심이 생기고, 시간이 흐르면 이루어진 욕망은 묻히고, 또 주변과의 비교에 노출되고, 가져야 할 것들이 생긴다. 이런 현상을 한계효용의 법칙이라고 하면 적절한 표현일 것 같다.

우리는 모두 함께 더불어 살아가는 공동체의 일원이다. 여기에 필요한 것이 돈이다. 돈이 있으면 불편함을 모르겠지만 없으면 불편하기 이루 말할 수 없다.

억만장자들이 자기들만의 의식 세계에서 치부하는 돈 얘기에 현혹되어서는 곤란하다. 우리 서민들은 돈에 허덕이며 살면서 돈이 삶의 전부가 아니라느니 뭐니 이럴 땐 아닌 것 같다. 좀 더 솔직해질 필요가 있다.

시야를 넓혀 느끼고 깨우쳐야 할 일이다. 풍요로움은 주어지는 것이 아니라 쟁취하는 것이다. 더 현실적으로 보면 경제, 금융을 깨우치는 것은 돈을 움켜쥐는 힘을 키우는 데 의미가 있다. 두루뭉술 그렇게 허울뿐인 삶을 영위할 것인가. 그보다는 한 번 더 돈 공부에 지대한 관심을 가져 큰 성과를 기대해 봐야 할 일이다.

5

나는 5년 뒤 어디에서 무얼 하고 있을 것인가

돈 공부 후, 5년 뒤 나는 어디에서 무얼 하고 있을 것인가. 불현 듯 생각하면 혼란스러워지는 생각 중의 하나다. 무엇을 위한 삶인가. 어디로 가고 있으며 어디쯤 왔을까. 생각하면 할수록 꼬리에 꼬리를 문다. 생각이 깊어지니 그와 관련된 책이 없나 살펴보게 되었다.

지난여름 몇 주간 계속 베스트셀러 종합 부문 10위권 내에 오른 책이 있었다. 미래와 관련된 책으로 책 제목이『퓨처 셀프』이다. 미래의 나에 대해 궁금한 점이 많아 교보문고 온라인 서점을 찾아봤다. 그 책의 목차 중에 '미래의 나에 대한 진실 7가지'라는 파트가 마음에 와닿았다. 목차에 이끌려 책을 구입하게 되었다.

저자 벤저민 하디는 미국의 조직심리학 박사로 자기 계발 분야

권위자다. 미래의 나에 대한 진실 7가지 중에 '미래의 나를 생생하고 자세하게 그릴수록 더 빠르게 발전한다.'가 있었다.

저자가 말하기를 "미래의 나로 가는 과정을 자세하게 측정할수록 목표를 향해 더 빠르게 발전한다는 사실이다."라는 것이다. 그러면서 "목표를 이루는 과정을 구체적이고 측정할 수 있게 만들어라. 그러면 더 빨리 발전할 것이다."라고 했다.

미래의 나를 그려 보다

벤저민 하디 박사가 거론하는 사항을 내 생활에 활용해 보면 도움이 될 수 있을 것이다. 경제 공부에 쏟은 정성으로, 이제 나의 미래를 마음껏 그려 보기로 하자. 주요 테마는 '5년 뒤 나는 어디에서 무얼 하고 있을 것인가.'로 하되, 목표를 이루는 과정을 구체적이고 측정할 수 있게 그려 본다.

내가 원하는 바가 이미 내 것이라는 사실로 받아들이는 게 중요하다. 자기 확신이야말로 바로 내 삶을 바꿀 멋진 미래의 출발점이 된다.

벤저민 하디 박사가 강조한 사실을 다시 되짚어 보면 "목표를 구체적이고 측정할 수 있게 만들면 더 빨리 발전하게 된다."라는 사실이다. 명확한 이정표가 내 인생의 내비게이션 역할을 하게 된다.

여기에 내가 경험한 사항을 곁들이면 더 현실적 의미가 될 수도 있을 것이다. 여러 해 전 『계획의 힘, 그 실천의 마법』을 집필할 당시 '내 인생 5개년 계획'을 작성해 본 적 있었다. 지금 3년 차 실행하고 있다.

그런대로 진행되고 있고 어느 정도 내 삶에 자리 잡아 가는 중이다. 막연하게 가는 것보다는 뭔가 분명 다른 점이 있다. 늦은 나이라는 핸디캡이 없는 것은 아니지만 꿈이 있는 곳에는 반드시 길이 있기 마련이다.

뜻이 굳건해야 삶에 의욕이 생기고 진전이 있게 된다. 머뭇거리지 말고 나 자신의 꿈을 현실로 변화시키면 되는 일이다. 이러한 사항들이 순조롭게 이행된 미래의 내 모습 상상도 그려 보기를 할 수 있다.

정성을 다한 5년 후,

나는 어떤 사람이 되어 있을 것인가.

나는 어디에서 무엇을 하고 있을 것인가.

5년의 프로젝트를 기획하라

우리가 시답잖은 일에 시간을 보내는 것은 아직 구체적 목표가 없기 때문이다. 계획을 수립하고 차근차근 진행하면 반드시 성공의 길이 보장된다. 그러기 위해 한 번 더 되짚어 볼 일이 있다. 지나온 길 5년 전 내 모습과 지금의 내 모습을 한번 비교해보자.

분명 느껴지는 부분이 있을 것이다. 5년 전 그 당시 지금과 같은 계획을 세워 알차게 지내 왔다면 어떠했을까. 많은 변화가 있었다는 것은 분명한 사실일 수도 있다.

그러나 그럭저럭 지내 온 과거의 세월이었다면 또 어떠했을까. 지난 세월 나는 무엇을 하며 여기까지 왔을까. 아무래도 허무하게 지내 온 것은 아닐는지. 왜 그랬을까. 미래를 내다봐야 하건만 편안함에 안주한 결과라고 볼 수 있다.

그렇다면 앞으로 다가올 내 삶에서도 그렇게 허무하게 보낼 것인가. 결코 그렇게 보낼 일은 아니지 않은가.

이 시점에서 내가 해야 할 일은 지나온 길을 되짚어 봐야 할 일이다. 과거도 미래도 아닌 오직 오늘 이 순간들이 차곡차곡 쌓여 내 인생을 이루게 된다. 의미 있는 하루하루가 모여 1년이 되고 또 5년이 되는 것이다.

5년 뒤 내 인생, 변화된 모습의 나를 원한다면 벤저민 하디 박사가 얘기한 그 일을 하는 것이다. 과거 나 자신이 무의미하게 보낸 세월을 또다시 되풀이하지 말자는 의미다.

미래의 나를 생생하고 자세하게 그려서, 5년의 프로젝트를 기획하라.

그리고 온갖 정성을 다해 보자. 그러한 삶은 하루하루가 남다른 삶이 될 수 있다. 오늘을 헛되이 보내서는 아무런 의미가 없다.

6

새벽은 새벽에 눈 뜬 자만이 볼 수 있다

김수덕 수필가가 월간지 〈건강 단〉에서 말하기를 "새벽은 새벽에 눈 뜬 자만이 볼 수 있다."라고 했다. 새벽이 오리라는 것을 알아도 눈을 뜨지 않으면 여전히 깊은 밤중일 뿐이라는 것이다. 미적대고 있으면 여전히 미망 속을 헤맬 수밖에 없다.

아무리 봐도 심오하고 뜻깊은 표현이다. 설령 좋은 글이라 할지라도 내가 느끼지 못한다면 의미가 없다.

그렇다. 인생에서 중요한 것은 바로 깨우치고 느끼는 데 있다. 대충대충 살다 보면 이것도 저것도 아닌 패배자로 남게 된다. 성공한 대다수 사람은 다 그만한 노력이 있었기 때문에 가능했다.

눈을 뜨지 않고 미적대며 미망 속을 헤매도 될 때인지 한번 생각해 봐야 할 일이다. 그런 의미에서 경제 공부를 하며 아쉬웠던 점 몇 가지를 기술하고자 한다. 타산지석으로 삼을 수 있는 사안이다

경제 공부를 하며 아쉬웠던 점

공부야말로 다 때가 있다는 사실을 확인하는 자리가 되었다. 늦은 나이에 서두를 일이 절대 아니라는 사실이다. 젊은 나이에 경제 공부를 해서 꿈을 펼쳐야 할 일이다.

효용 가치 측면에서 본다면 한 살이라도 젊었을 때 하는 것과 늦은 나이에 하는 것은 비교할 수 없을 만큼 차이가 있기 마련이다. 뭐든 다 때가 있는 것이다. 때를 놓치게 되면 후회스러움만이 남아 있을 뿐이다.

세계적 갑부 워런 버핏도 후회스러운 일이 있다고 했다. 그는 11세에 주식을 시작했지만, 좀 더 일찍 7세에 했었더라면 하고 아쉬워했다니 그저 놀라울 따름이다. 이미 9세 때 자동판매기 옆 쓰레기통을 뒤져 어떤 음료수를 사람들이 좋아하는지를 파악하기도 했다고 한다.

분석 결과를 이용하여 그것을 팔아 많은 이윤을 남길 정도로 경제 공부에 관한 애착심이 남달랐다. 10세 때는 신문 배달도 하며 독학에 열중했다고 한다. 그만큼 남들보다 발 빠르게 움직이는 것이 경쟁력을 선점하게 된다는 의미다. 그러하듯 젊음을 헛되이 보낼 일이 아니라 한 살이라도 젊었을 때 서둘러야 할 일이다.

경제 학습의 생활화

경제 공부를 하며 생각은 무성한 데 이룰 수 없는 나이라는 게 또한 아쉬웠다. 경제 공부를 해 보니, 젊은이들이 꼭 해야 할 일이라는 게 거듭 느껴졌다. 가정 경제는 물론이고 국가 부흥 측면에서도 그렇다.

유대인이 전 세계적으로 경제권을 쥐고 있는 주된 원인을 보면 이해가 되는 일이다. 그들은 어릴 때부터 경제 학습이 생활화되었다는 점에 유의할 필요가 있다. 그래서 젊은이들에게 경제와 관련된 책을 저렴한 가격으로 널리 읽게 했으면 하는 바람이다. 그러자면 책값은 최소한 권당 5,000원 정도면 어떨까 싶다. 커피 한두 잔 정도 값이다.

그렇다면 권당 5,000원이 가능할까. 가능할 수도 있다. 예를 보면 『세이노의 가르침』이라는 책이 있다. 요즘 한창 인기리에 판매되고 있는 책 중에 하나다. 권당 정가 7,200원이며 쪽수는 736쪽이다. 온라인 가격으로는 6,480원이다.

출판사에서 볼 때 저자는 천 억대의 자산가이며 카페에서 널리 알려져 있었기에 판수 늘리기가 가능할 것으로 본 것이다. 또한 저자가 저작권료를 받지 않는다는 숭고한 뜻이 있기도 하다.

그렇다면 쪽수를 250쪽 정도로 출간해 본다면 온라인 가격으로 5,000원까지 가능하다는 얘기다. 일반 책값의 3분의 1에 해당하는 금액이다. 출판사에서는 판수가 많이 나간다는 보장만 있다면 충분히 할 수 있는 일이다. 판수를 늘리는 방법이 문제가 될 수 있다.

아쉬움을 현실화하자면

책의 판수를 늘리는 데는 여러 가지 방법이 있을 수 있다. 이런 것도 생각해 볼 수 있다. 전국의 대형 유통 업체와 업무 협약하는 문제다. 하나로마트나 이마트 같은 유통 업체에서 일정 금액 이상을 사게 될 때 사은품으로 책과 교환할 수 있는 문화 상품권을 발행한다. 그에 따라 매장의 일정 부분에 북 코너를 마련해 경제와 관련된 책을 진열하여 놓는 것이다.

물론 유통 업체에 손실 보상 차원에서 일정액의 지원이라든가 관계 부처의 정책적 배려가 요구되기도 한다. 또한 자산가나 기업가의 관심이 필요한 대목이다.

자산가가 미래 세대를 위한 부의 사회 환원 차원에서 검토할 수 있는 문제다. 서로 상생하는 효과도 있다. 그러면 오프라인 서점이 활성화되고 널리 책을 보는 생활이 될 수 있다. 젊은이들에게 경제에 대한 학습이 자연스럽게 이루어지게 된다.

후회 없는 삶을 위하여

그 정도까지는 아니더라도 여윳돈이 있다면 다른 좋은 방법도 널리 있을 것이다. 다만 생각은 무성하건만 이룰 수 없는 나이라는 게 아쉬울 따름이다. 그러하듯 젊음은 그 자체가 무한한 자산이다.

그런데 젊었을 당시에는 그 사실을 모른 채 묵히고 있다는 데 문제가 있다. 좋은 자산을 묵히고 게을리한다면 어떻게 될까. 10년 후 어느 날 후회를 하고 있을 테지. 10년 전 그때 그 일을 왜 시작하지 않았는지.

문제는 바로 그것이다. 생각해 둔 게 있다면 지금 시작하면 되는 일이다. 나중에 10년만 젊었어도 그것을 해 볼 수 있었을 텐데 하는 그 10년 전의 일이 바로 오늘의 일이 된다. 젊음은 무한한 꿈을 펼칠 수 있는 나이다.

그러나 젊음을 헛되이 보낸다면 여전히 깊은 밤중일 수밖에 없다. 김수덕 수필가의 표현대로 "새벽은 새벽에 눈 뜬 자만이 볼 수 있다."라는 사실이다. 더 이상 무슨 말이 필요할 것인가.

7

경제 공부, 그래도 되는 일이 없다면

내 마음인데 내 맘대로 안 될 때가 있다. 그게 마음의 달갑잖은 속성이다. 안 된다고 염려할 것 없다. 누구나 다 장벽에 부딪힐 수 있는 일이다. 어떤 일이든 크고 작고의 차이일 뿐 문제가 있을 수 있다.

나에게만 있는 게 아니라 극히 자연적인 현상이라고 생각하면 된다. 다시 한번 시도해 보면 될 일이다. 원래 일하기 싫다는 기분은 일반적 요인이랄 수도 있기 때문이다. 그것은 모든 사람이 한 번쯤은 경험해 볼 수 있는 일상적 망설임이다.

거기에 빠지면 빠져들수록 헤쳐 나오기 힘들고 실천력은 점점 약해지게 된다. 이때가 고비가 될 수 있다. 주저앉게 되면 꿈을 제대로 펼쳐 보지도 못하고 끝나고 만다. 무엇이라도 하는 쪽으로 마음을 돌려야 한다.

여러 번 실패를 거듭한 끝에 성공을 거둔 사람들도 있으니까. 한두 번 어렵다고 크게 상심할 일은 아니다. 인생에 있어서 중요한 것은 무엇인가를 깨닫는 일에 있다. 그래서 대처 방안을 살펴보기로 하고 나에게 합당한 것으로 적용하면 크게 도움이 될 것이다.

방안 하나, 다시 한번 생각해 본다.

처음부터 무리해서 욕심을 내면 어렵다. 너무 많은 것을 바라는 것은 뜻이야 좋지만, 중도에 나태해질 수도 있다. 보통 작은 일을 이루게 되면 다른 일도 좀 더 하고 싶어지는 경우가 있다. 몸과 마음에 시동이 걸린다는 징조다. 그를 발판으로 그렇게 앞으로 계속 나아가면 되는 일이다.

마음을 가다듬고 다시 되풀이해 보는 것이다. 제1장 '경제와 금융 이것만은 알고 가자'로 돌아가 밑줄 치며 읽어보자. 그리고 제2장과 제3장 역시 밑줄 치며 읽어보면 무언가 잡힐 게 있을 것이다.

밑줄 친 부분을 틈나는 대로 다시 차근차근 되짚어 보자. 경제 공부 중에서 제일 만만한 것으로 해 보면 된다. 시동이 걸릴 징조가 보인다면 일단 가능성이 있는 일이다. 제1장에서 제3장까지 밑줄 친 부분을 다시 한번 훑어보며 생각을 정리하면 실마리가 풀리게 된다. 그러다 보면 내가 어디로 가야 할 것인가를 느끼게 될 수도 있다.

방안 둘, 정신적 문제일 경우.

안 된다는 기분이 항상 든다면 한번 깊이 생각해 볼 필요가 있다. 어떤 일이든 재미가 붙지 않는 일을 반복하기란 쉬운 일이 아니다. 그래서 자신도 모르게 게을러지고 나태해지게 된다. 왜 그렇게 되는 것일까.

아무래도 정신적 문제일 가능성이 크다. 생각을 어떻게 가지느냐에 따라 달라질 수도 있기 때문이다.

일반적으로 생각 자체가 긍정적이면 능률도 더 오르고 재미도 절로 붙게 된다. 그래서 긍정적 사고방식이 될 수 있도록 하는 것이 중요하다. 착실하게 한 걸음씩 실천해 나가도록 힘써 보면 좋은 결과를 얻을 수 있게 된다.

그러기 위해서는 우선 행동으로 옮겨야겠다는 결심이 앞서야 한다. 꾸물대지 말고 곧장 일어서서 앞으로 나아가야 한다.

정말이지 하면 되는 일이다. 사람이 하는 일에 안 되는 일은 없다. 내가 할 수 있는 범위 내에서 차근차근 나아가면 정신적 문제는 실마리가 풀릴 수 있다.

방안 셋, 믿음의 문제일 경우.

종교적 믿음 쪽으로 생각을 갖는 것도 한 방편이 될 수 있다. 이는 비단 경제 공부뿐만 아니라 마음의 중심을 잡지 못할 때 생각해 볼 수 있는 좋은 방안이다. 종교는 기독교든 불교든 어느 종교라도 관계없다.

어떤 종교이든 종교의 본질은 하나이기 때문이다. 과학이나 다른 입장에서 본다면 별의미가 없을 수도 있다. 그러나 믿음의 입장에서 본다면 엄청난 의미 부여가 된다.

경제 공부라든지, 어떤 이루고자 하는 일이 난관에 부딪혀 괴로울 땐 큰 위로가 될 수 있다. 믿음을 지닐 때 인간은 강해진다. 강한 믿음이 나를 위로하고 나를 완성시키는 것이다. 이처럼 종교의 힘은 강하다. 경제 공부라든가 마음이 힘들 때 생각해 볼 수 있는 이유가 바로 그것이다.

그러나 종교에 너무 심취하여 도가 지나침은 삼가야 할 일 중의 하나다. 종교는 생활양식이 아닌 철학으로만 이해되어야 한다.

어디까지나 경제 공부를 위한 마음의 평온을 갖자는 것이다. 너무 심취하지 않는 범위 내에서 종교를 내 삶의 일부분으로 활용하면 될 것이다. 그리하여 내가 이루고자 했던 일에 어려움이 있더라도 힘을 얻을 수 있게 된다.

방안 넷, 결심의 문제일 경우.

해 보겠다는 마음만 굳게 가진다면 언젠가는 이룰 수 있는 일이다. 경제, 금융 공부는 생존을 위한 일이다. 늙어 고생하려면 편하게 막 지내도 되겠지만 그거 생각보다 심각한 문제다.

경제 전문가 그린스펀이 말하기를 "글자를 모르면 단지 생활이 불편하다. 그러나 금융 문제를 모르면 생존마저 위태롭게 한다."라고 했다. 그는 미연방 준비 제도 의장을 역임한 전문가다. 금융 문맹으로는 한 발짝이라도 움직이기 어렵다는 얘기다.

우리의 생활 자체가 곧 금융이다. 금융이라면 돈을 의미하는 것이고, 그래서 경제학자의 얘기를 빌리지 않더라도 주변을 둘러보면 인식할 수 있는 극히 일반적인 사항이라 할 수 있다. 다시 한번 처음부터 차근차근 경제 공부에 시동을 걸어 보자. 그리고 제1장의 '직접 경험한 공부가 쉬워지는 습관'을 다시 한번 되새기면 도움이 될 수도 있다.

경제를 만난 후, 내 삶에 달라진 점

경제 공부에 관심을 가진 지 벌써 몇 년이 흘렀다. 과거 2008년 공인중개사 자격시험 공부할 때 생각이 난다. 시험 과목 중에 부동산학 개론이라는 게 있다. 생소한 용어가 나오기도 했지만 계속해 보니 어느 정도 이해도 되고 할 만하다는 생각이 들었다.

그래서 자격증 취득 후 경제 공부를 해 봐도 되겠구나 했었다. 그러나 공인중개사 사무소를 개업하고는 막연하게 생각만 있었지 그냥 지나치고 말게 되었다. 지금 생각해 보니 60대라 할지라도 그때가 공부하기에 늦은 나이는 아니라는 느낌이 강하게 든다.

한창 무언가를 할 나이라는 생각이다. 공인중개사 시험공부 할 때의 여세를 몰아 돈 공부를 연이어서 했어야 하는 건데. 정말 아쉬움이 많이 남아 있다. 그렇다면 지금의 경제 공부 기회를 놓치게 되면 몇 년 후 또 그와 같은 아쉬움에 젖게 될 게 아니겠는가.

뭔가를 시작하기에 늦었다고 생각했던 것이 큰 잘못인 것을. 그 때 일로서 얻게 된 교훈이다. 누구든 뭐를 해 보겠다고 생각해 둔 게 있으면 미루지 말고 지금 바로 시작해야 한다. 그래서 시작한 게 경제 공부인데 계속하다 보니 재미도 붙고 할 만하다. 그러다 보니 여러 가지 좋은 점도 있고 내 삶에 달라진 점도 있다.

첫째, 경제 공부의 개념을 제대로 이해하다.

경제 공부가 재미있는 것도 아니지만 요즘은 일상이 되었다. 습관이란 게 이런 것이구나 하는 생각이 든다. 텔레비전보다 책에 먼저 눈길이 가는 것도 다 습관의 문제다. 누구든 관심을 가지면 애정이 가는 일이다. 우리네 삶에서 중요한 것은 본인이 느끼고 깨우치는 데 있다. 그러한 의식 세계에서 꿈이 형성되고 미래 비전이 생길 수 있게 된다.

경제 공부의 목표에 한 걸음 다가서게 되었다. 세계적인 갑부 빌 게이츠가 말하기를 "공부하는 사람만이 미래에 대한 정확한 비전을 가질 수 있다. 세상의 모든 것에 대해 눈과 귀를 열고 항상 공부하라."라고 했다.

'빌 게이츠'라 하면 그를 지칭하는 수식어들이 많기도 하다. 세계 최고의 갑부, 세계에서 가장 존경받는 리더, 디지털 제국의 제왕, 컴퓨터의 황제로도 불리며 200억 달러를 기부한 세계 최고의 자산가다. 그는 젊은이들에게 미래 비전을 심어주기 위해 『미래로 가는 길』이라는 책을 저술하기도 했다.

지금 우리가 하려고 하는 일은 내 인생의 미래를 위해 계획의 길로 가자는 의지의 과정이다. 현 단계에서 필요한 것은 내가 얻고자 하는 바람을 획득하자는 데 있다. 빌 게이츠가 주장했듯이 미래 비전을 가지고 눈과 귀를 열고 항상 공부하는 자세가 필요한 지금이다.

둘째, 아는 것이 힘이라는 인식의 변화가 생기다.

살아가는 데 필요한 것이 경쟁력이다. 그저 좋은 게 좋다는 식으로 지낸 게 아닌가 싶다. 공인중개사 사무실을 운영할 당시에도 그랬다. 제대로 알지도 못하는 형편에 습관조차 느슨했으니 오죽했을까. 9시 넘어 출근해서 6시쯤이면 퇴근하는 모습도, 공휴일이면 쉬는 습관도, 고객이 오면 사무적인 표정도, 어느 것 하나 바람직한 게 아니었다.

그러다 인근 부동산 사무실을 보면 마음을 새롭게 가져 보기도 하고, 그것도 잠시뿐 또 그렇게 흘러갔다. 어떤 일을 하든 관련 업무 능력을 키우고 하는 게 당연한 순서 일진데. 너무 안이한 생활 태도가 탈이다.

모든 일에는 아는 만큼 뱃심이 생긴다. 경제 공부를 하면서 아는 게 힘이라는 사실을 더욱 실감하게 되었다. 아는 것이 힘이라는 사실, 그것은 우리가 갖추어야 할 기본적 사항이라 할 수 있다.

셋째, 나도 할 수 있다는 자신감이 생기다.

공인중개사 사무실을 운영할 때 작명원을 함께 1년간 운영해 본 적 있었다. 인생 상담을 겸해서 해봤다. 그러다 공인중개사 사무실을 그만둘 때 함께 그만두었다. 그 후 사주 명리 상담사 자격증으로 무엇을 해 볼까 궁리 끝에 생각한 게 있었다. 그러나 계획이 실행으로 연결되지 못한 사항이다.

고등학교 학생을 대상으로 장래 진로를 상담하면 의미 있는 일일 듯했다. 학생들에게 희망을 주고 삶의 방향을 제시해주는 보람된 일이 아니겠는가. 학생이나 학부모들을 대상으로 상담하고, 부수적으로 작명도 하고 사주 명리 상담도 하면 될 것 같았다.

간판을 '알찬 미래연구소'라고 하기로 하고 학생 진로 상담에 관한 책과 심리학에 관한 책자를 구입하기도 했다. 해 보겠다고 챙기는 공부라서 그런지 궁금한 것도 많고 다소 재미있기도 했다. 한동안 그렇게 심리학 공부를 해 봤다. 그러나 시간이 흐르면서 끝내 간판을 걸지 못하고 말았다. 무엇이든 생각했을 때 바짝 서둘러야 승산이 있는데 완벽하게 이리 재고 저리 재고하다가 놓치게 된 경우다.

일하다 보면 생각과는 달리 흘러갈 때도 있다. 그럴 땐 나도 할 수 있다는 자신감이 바로 해결의 실마리를 풀어 주게 된다. 그러한 자신감이 돈 공부를 하고부터는 생활 속에 일부분이 되었다.

나도 할 수 있다는 자신감은 능력이라 할 수 있다. 능력은 시간이 지날수록 탁월한 생존력으로 축적된다. 생존력이 쌓이면 무엇이든 이루는 힘의 원천이 생기게 된다.

넷째, 끝까지 하는 힘이 생기다.

공무원 사회는 징계 처분받지 않으면 누구나 정년 퇴임까지 보장받는 곳이다. 한 달이 지나면 어김없이 나오는 봉급생활에 익숙해진 그런 세월이었다.

그러다 퇴임 후 공인중개사 사무소, 행정사 사무소를 운영해 봤다. 그곳이 바로 전쟁터나 다름없는 생활 전선이었다. 봉급생활 때의 느긋한 생활 태도가 먹혀들 곳이 아니었다. 원하든 원하지 않든 그와는 아랑곳없는 삶의 전쟁터였다.

무조건 이기고 봐야 할 곳이 전쟁터다. 느긋함으로 맞서면 백전백패다. 어떤 무기가 효용 가치가 있는가는 누가 챙겨 주는 것도 아니다. 본인이 스스로 인식해야 하는 일이다. 어떻게 이기든 이겨야 대접받는 현실인데, 안타까운 일이다.

요즘 공부하고부터는 끝까지 하는 힘이 생기기 시작했다. 진정으로 더 나은 삶을 바란다면 길은 오직 하나, 끝까지 이루어내고야 말겠다는 집념이야말로 성공의 원동력이다.

만약 경제 공부를 그 전에 해봤더라면 공인중개사 업무를 오래도록 다부지게 했을 텐데 하는 생각이 들기도 했다.

다섯째, 미래의 비전이 생기다.

경제, 금융 공부를 하고 얻는 가장 큰 수확은 앞으로 내가 무엇을 할 것인지 그림이 그려지게 된다는 사실이다. 험난한 세상, 어떻게 헤쳐 나갈 것인가를 알고 가는 것이 곧 승리의 빠른 길이 될수 있다. 그 발판을 마련하는 것이 바로 경제 공부다. 공부하다 보면 나는 이런 것을 해 봐야겠다는 구상이 떠오르게 된다.

경제 공부를 하는 과정에서 주식이라는 테마가 자주 언급되고 투자와도 연관성이 높기에 관심이 간다. 책을 낸 후 주식 공부를 한번 해 보겠다는 구상이다. 그동안 해 온 경제 공부를 토대로 주식 투자에 관심을 가지면 성과를 기대해 볼 수도 있을 것이다. 기본을 갖춘 경제 공부가 빛을 발할 것인지 가늠의 장이 될 수 있다.

물론 늦은 나이라는 것을 모르는 바 아니다. 하지만 늦은 나이는 아무것도 아니다. 해 보지도 못한 후회가 더 마음 아프게 하는 일이 될 수도 있는 문제다.

더 알아보기

경험에 의한 돈 버는 운의 실상

정동진 해변은 해돋이 명소 중 하나다. 수년 전 새해 첫날 새벽에 그곳에 가 본 적 있었다. 추운 날씨에도 그렇게 많은 사람이 해가 솟기를 기다리고 있었다. 대단한 열정이다. 뭐가 그리도 많은 욕망과 바람이 있었던 것일까.

계획한 결심을 다지는 일들은 집에서 해도 될 일이다. 굳이 솟는 해를 바라보며 해야만 하는 일이 아닐 수도 있다. 이곳까지 온 것은 큰 행운이 넝쿨째 들어오길 바라는 마음이 있어서일까. 아니면 어떤 다짐을 꼭 해야 할 일이 있어서일까.

그런데 지나놓고 보니 그게 큰 의미는 없다. 해가 솟는 순간을 보는 벅찬 감회만 남아 있을 뿐이다. 벅찬 마음이 오래 이어지면 좋으련만 그러지를 못했다. 보러 가느라 시달리기만 했지, 며칠 지

292   따라 하면 돈이 되는 경제 첫 수업

나고 나면 그저 일상으로 돌아오고 만다.

살다 보면 하는 일마다 어긋나는 경우도 있을 수 있다. 그렇다고 너무 실망하거나 마음 약해지면 될 일이 아니다. 삶이란 노력해도 곧바로 안 될 때도 있고 또 어떨 때는 나도 모르게 일이 수월하게 잘 풀리는 일도 있다. 누구나 인생을 돌이켜 보면 분명히 행운의 기회가 있었을 것이다. 다만 나 자신이 그것을 모르고 지나쳤을지도 모를 일이다.

돈 버는 운은 언제 오는가

떠오르는 해를 바라보며 만감이 교차한다. 주변을 둘러보니 주로 중장년층이 대부분이다. 그런데 그중에 내 옆에 있는 사람은 70대쯤 돼 보이는 부부가 있었다. 연신 염주를 굴리며 뭔가를 염원하고 있었다. 가판대에서 파는 커피를 권하며 이런저런 얘기를 들을 수 있게 됐다.

정동진 건너 마을에서 조그만 가게를 하나 한다고 했다. 매년 새해 첫날에는 찾게 되고 벌써 수년째 온다는 거다. 그렇다고 많은 돈이 벌리고 행운이 찾아온 것도 아니지만 답답한 마음은 다소 풀린다고 했다.

처음 만나는 사람이라 깊은 얘기를 나눌 수는 없었지만 뭔가 애타게 갈구하는 표정은 느낄 수 있었다. 노부부가 매년 새해 첫날에 정동진 해변을 찾게 만든 그 답답함이 무엇이었을까. 우리는 항상 돈을 좇아 이곳저곳을 헤매게 된다. 결코 돈 없이는 살 수 없기 때문이다. 그래서 새해 첫날에 해돋이 명소를 찾기도 하고 또는 어쩌면 행운을 잡을까 생각이 산만해지게 되기도 한다.

매년 그토록 행운을 비는 노부부에게 뭔가 확 달라진 게 있었으면 좋으련만, 행운의 여신은 어쩌면 그리도 무심하기만 할까. 돈 버는 운이라는 게 애타게 갈구한다고 찾아오는 것일까. 그게 다 생각 나름이겠지만 노부부의 현실로 봐서나 내 경우로 봐서는 그런다고 행운이 오는 것은 아닌 것 같다.

그렇다면 돈을 많이 번 사람들은 어떤가. 어느 날 행운이 갑자기 찾아와서 그렇게 된 것일까. 그들의 자서전이나 언론 인터뷰를 보면 하나같이 노력의 결과라고 했다. 그렇게 볼 때 그들은 돈 버는 운이 오기를 기다린 게 아니라 돈 버는 운의 기회를 만든 사람들이다. 그런 차원에서 본다면 돈 버는 운이란 것도 돈 버는 지식을 쌓아야만 제대로 빛을 발하게 된다는 사실이다.

그래서 운의 기회를 만들면 잡을 수 있는 능력을 키워야 한다.

기회나 운이 찾아와도 준비가 되어 있지 않으면 아무 소용없다. 어느새 다 사라지고 만다. 돈 버는 사람들은 운의 기회를 잘 포착한 사람들이라고 볼 수 있다.

사주명리학 관점에서 본다면

운명이란 게 내 삶에 어떤 영향을 미치는 것인가. 가끔 생각이 깊어질 때가 있다. 그래서 한동안 사주 명리학 연구에 심취해 본 적이 있었다. 내 사주팔자와 지나온 내 삶을 견주어 볼 수 있는 자리가 되었다.

그렇다면 사주명리학이 과연 나의 미래 운명을 확인해 줄 수 있을까. 결론부터 말하자면 그건 아니다. 내 사주팔자 분석과 그동안의 흐름으로 보아 확연히 드러나는 일이다. 사주명리학은 세상을 바라보는 하나의 관점이다.

사주 주인공의 내면에 숨어 있는 적성이나 특성 등을 찾아 주는 역할을 한다. 숱한 세월을 지나오면서 얻은 수치를 기준으로 하게 된다.

어떤 의미에서 보면 통계학적 뜻이 어느 정도 내포돼 있다고 볼 수도 있다. 그리하여 그 사람의 인생에 능동적으로 대처할 수 있도록 돕는 데 뜻을 두게 된다.

사주명리학은 사람이 태어난 연월일시를 각각 천간과 지지로 나타낸다. 즉 사주와 팔자를 세운다는 뜻이다. 사주와 팔자에 음양오행 배합과 상호관계를 파악하게 된다. 그렇게 해서 그 사람의 운명을 풀어내는 학문이다.

사주팔자에 붙이는 육십갑자라든가 경우의 수에 따라 얼마든지 해석이 달라질 수 있는 문제다. 그래서 나에게 장점이 있으면 불리한 단점도 있게 마련이다. 그건 사주명리학이 아니더라도 우리네 일상생활 어디에나 존재하는 삶의 명암이다.

그에 연연할 필요는 없다. 운명은 빈틈없이 고정된 것이 아니라 개인의 노력에 따라 얼마든지 달라질 수 있다. 돈 버는 운 역시 다를 바 없다.

돈 버는 운은 따로 있는 게 아니다

돈 버는 운이 오기를 기다리고만 있을 일은 아니다. 따라서 돈에 대한 운이 없다고 한탄만 하고 있을 일은 더더욱 아니다. 지금껏 내 주변을 보거나 느낀 바에 의하면 돈 버는 운은 따로 있는 게 아니다. 개인의 노력에 따라 얼마든지 돈 버는 운을 불러올 수 있게 된다.

운의 기회를 낚아채는 능력은 돈에 대한 풍부한 지식을 가진 사람들이다. 미련하게 허황된 꿈만 꾸는 사람이 얻을 것이라곤 없다. 그래서 돈 버는 운을 맞이하기 위해 지식과 경험을 쌓는 일에 더 많은 관심을 가져야 할 일이다.

그래서 위대한 정신이 제힘을 발휘할 수 있도록 주변 여건을 갖추어 주는 게 중요하다. 인생이란 오늘을 살아가는 내 삶의 모습이 매일 쌓여 만들어지는 것이다. 그렇게 쌓이고 쌓이면 그게 바로 나의 삶이다.

그렇듯이 내 앞날은 내가 개척해 나간다는 굳은 의지만이 나 자신을 바르게 인도해 주게 된다. 오직 자기 자신만이 할 수 있는 영역이다. 개인의 노력 여하에 따라 얼마든지 운의 기회를 만날 수 있는 문제다. 그렇게 생각하면 그게 바로 돈 버는 운을 불러오는 긍정적 삶의 지혜다.

마치는 글

내 젊음을 가지고 나는 뭘 했나

부동산 사무실을 운영할 때 현장에서 몸소 깨달은 하나가 있다. "세상은 아는 것만큼 보인다. 모르면 그만큼 뒤처질 수밖에 없다." 라는 것이다. 비단 이러한 것들만이 아니더라도 나이가 들어서야 느끼게 되는 것들이 상당히 많다.

대부분의 일들이 젊어서는 미처 생각하지 못하고 그냥 지나치는 경우가 다반사라 할 수 있다. 세상에는 내가 느끼지 못하는 것이 항상 존재하기 때문에 늘 배움의 자세가 필요하다. 그래서 20대에 배워서 할 일이 있고, 40대에 해야 할 일이 있는 것이다.

그런데 분명한 사실은 그 나이 때는 모르고 지나치고 한참 뒤에야 느끼게 되는 경우가 있다는 사실이다.

그렇다면 어떻게 해야 할까. 그래서 이런 문장이 적절할 것 같다. "내 젊음을 가지고 나는 뭘 했나." 이 문장은 폴 베를렌의 「하늘은 지붕 위로」라는 시의 하단 부분에 있는 내용이다. 하단부에 "네 젊음을 가지고 뭘 했니?"라는 구절을 응용한 것이다.

세이노(필명)의 저서 『세이노의 가르침』에도 시 내용이 실려 있고 마음 깊이 와닿는 좋은 시 한 편이다.

내 젊음을 가지고 나는 뭘 했나. 한번 곰곰이 생각해 보자. 나는 그동안 내 젊음을 가지고 뭘 했을까. 이래저래 놀 것 다 놀고 이루어 놓은 게 있으려나. 정말 가슴 저미게 하는 일이다. 그렇더라도 정신 놓고만 있을 일도 아니다.

이 시점에서 내 젊음으로 뭘 했는지 한번 정리해 볼 필요가 있다. 고쳐야 할 일들이 무수히 많을지도 모른다. 이야말로 나를 바로 세울 절호의 기회가 될 수도 있다.

후회스러운 일에 어떤 것들이 있었나 밝혀졌을 것이다. 그렇다면 그런 일을 반복해서 하지 않는다는 것은, 삶에 있어서 대단히 중요한 일이다. 대오각성해야 할 일도 있을 것이다. 그 역시 되풀이되는 일이 없도록 모든 역량을 동원하는 게 바람직하다.

마음의 정리가 되고, 하나하나 체크해 본 후 성과가 있었다면 이제 다른 할 일이 있다. '내 젊음을 가지고 나는 뭘 했나.'에서 '내 젊음을 가지고 나는 뭘 하겠다.'로 다짐을 해 볼 필요도 있다.

나는 나 자신의 삶을 책임져야 한다. 인내하면서 이루어내고 또 계속 이루어내야 한다. 열정은 내 꿈을 이루어내는 동안 열심히 모든 장애물을 극복할 수 있게 해줄 것이다.

여기까지 오며 어느 정도 자신감과 기량이 갖춰졌으리라 본다. 이제 더욱 완벽하게 부를 쌓는 것이 관건이다. 끝까지 한번 해 보자. 더 깊이 있는 전문 서적으로 입문하여 일취월장하기를! 건투를 빈다.